KB039074

강독을 위한 중국어 문법

이 도서의 국립중앙도서관 출판예정도서목록(CIP)은 서지정보유통지원시스템 홈페이지(http://seoji.nl.go.kr)
와 국가자료공동목록시스템(http://www.nl.go.kr/kolisnet)에서 이용하실 수 있습니다.
(CIP제어번호 : CIP2015027207)

한자만으로
중국어를
해석하는 **방법**

강독을
위한
중국어
문법

| 장영석 · 장엽 지음 |

들어가는 말

한국과 중국 간에 경제·사회·문화 교류가 급증하고 중국이 전 세계 강자로 급부상하면서 대단히 많은 사람들이 중국의 발전 양상에 관심을 갖게 되었다. 이와 더불어 중국어 학습에 대한 관심도 고조되고 있다. 그러나 중국어의 발음이 쉽지 않아 중국어 공부를 시도했다가 중도에 포기해버리는 사람이 적지 않은 것이 사실이다.

이 소책자는 중국어 발음을 알지 못하더라도 한자를 어느 정도 알고 있는 사람이라면 누구나 중국어 문장을 읽을 수 있도록 중국어의 문장구조, 기본 문법, 관용구문을 알기 쉽게 정리한 것이다. 중국어 문장을 읽을 수 있으면 중국어로 된 일차 자료를 해석할 수 있으므로 중국 자료를 통해 중국의 변화 양상을 파악하는 데 큰 도움이 될 것이다.

물론 가장 좋은 중국어 학습 방법은 중국 말도 잘하고 중국어 문장도 제대로 읽고 이해하는 것이다. 중국 말을 잘하기 위해서는 무엇보다 상대방이 무슨 이야기를 하는지 알아들을 수 있어야 한다. 그러기 위해서는 마치 갓난아이가 엄마에게서 말을 배우듯 중국어의 단어와 간단한 문장을 반복해서 듣고, 또 들었던 단어와 간단한 문장을 반복해서 말하는 과정을 되풀이해야 한다. 결국 하나의 외국어를 학습한다는 것은 시간과의 싸움이자 자신의 인내력과의 투쟁이다.

그렇다면 중국 말은 잘하지 못하더라도 중국어 문장은 잘 읽고 잘 해석할 수 있는 방법은 전혀 없는 것일까? 조선시대의 상당수 지식인들은 중국 말은 못했지만 필담을 통해 중국인과 능숙히 교류할 수 있었다. 한자를 익히면서 중국어의 문장구조, 기본 문법, 관용구문에 대한 기본적인 지식을 터득했기 때문이다.

중국어의 문장구조, 기본 문법, 관용구문에 대한 기본적인 지식을 갖고 있으면 모르는 단어는 사전을 찾아가면서 중국어 문장을 읽으면 된다. 사전을 찾으려면 한자의 부수부터 알아야 하는데, 중국 대륙은 한국 사람에게 익숙한 번체자가 아니라 간체자를 사용하기 때문에 한국 사람에게는 중국에서 쓰는 한자 자체가 익숙하지 않다.

한자는 부수의 조합으로 구성되기 때문에 간체자 부수가 번체자에서 어떻게 전환되는지를 알면 번체자 한자가 어떻게 간체자 한자로 전환되었는지 또한 비교적 쉽게 짐작할 수 있다. 그러므로 중국어를 배우기 위해서는 무엇보다 간체자의 부수를 완전히 익힐 필요가 있다. 그러나 간체자의 부수를 모르더라도 단어를 찾는 데 큰 문제는 없다. 인터넷 또는 스마트폰의 중국어사전을 활용하면 되기 때문이다. 인터넷이나 스마트폰의 중국어사전에는 '필기인식기'가 있기 때문에 모르는 한자를 직접 쓰기만 하면 한자의 발음과 뜻을 모두 알 수 있다.

이 소책자는 모두 일곱 개의 장으로 구성되어 있다. 1~5장은 중국어 문장의 구조와 기본적인 문법을 설명하며, 6장은 관용구문을 다룬다. 마지막 7장에서는 중국어 문장을 익히기 위한 단문과 장문의 예문을 제시한다. 먼저 1~5장에서 설명한 문장의 구조 및 기본 문법과 6장에서 제시한 다양한 관용구문을 익힌 뒤 7장의 예문을 연습하면 된다.

이 소책자가 중국어를 배우려는 사람들에게 조금이라도 길잡이 역할을 할 수 있다면 큰 다행이라고 생각한다.

2015년 10월
張暎碩 · 蔣燁

차례

번체자 부수 획수	번체자 부수	간체자 부수	간체자 단어
4획	爿	丬	将, 壮, 状
6획	糸	纟	线, 绕, 缎
7획	言	讠	说, 读, 话
	車	车	轮, 辆, 转
	見	见	觉, 规, 觑
	貝	贝	财, 赋, 赌
8획	金	钅	钱, 钞, 针
	長	长	长
	門	门	问, 闻, 阁
9획	頁	页	额, 顶, 顿
	食	饣	饮, 饭, 饿
	韋	韦	韧, 韩, 韬
	風	风	飓, 飕, 飘
10획	馬	马	驾, 驭, 驯
11획	鳥	鸟	袅, 鸦, 鹏
	魚	鱼	鲤, 鲫, 鲑
	鹵	卤	卤, 鹾
	麥	麦	麴, 麸
13획	黽	黾	黾, 鼋
15획	齒	齿	啮, 龄, 龅
16획	龍	龙	聋, 龚, 垄
17획	龜	龟	龟

10

① 네이버사전에 들어가서 중국어사전을 클릭한다.

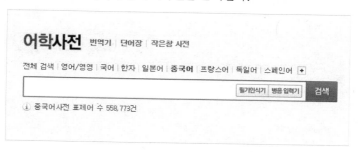

② 필기인식기를 클릭한다.

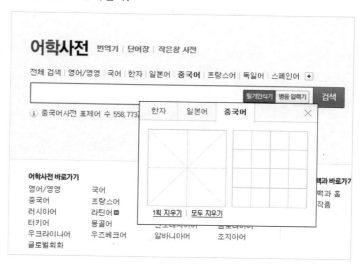

③ 필기인식기에서 찾으려는 한자를 쓴 뒤, 필기인식기 오른쪽 상자에 찾
으려는 한자가 나타나면 그 한자를 클릭한다.

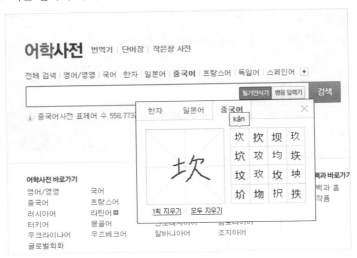

④ 한자를 클릭하면 검색창에 그 한자가 입력된다.

⑤ 한자가 입력된 상태에서 검색을 클릭하면 한자의 발음과 뜻이 나온다.

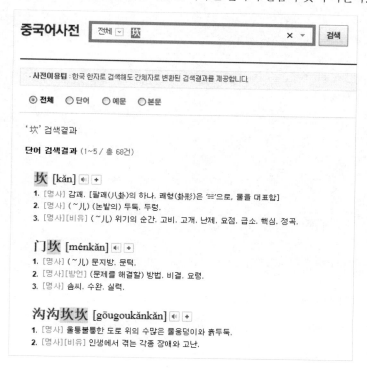

중국어사전 전체 ▾ 坎 ✕ ▾ 검색

• **사전이용팁** : 한국 한자로 검색해도 간체자로 변환된 검색결과를 제공합니다.

◉ 전체 ○ 단어 ○ 예문 ○ 본문

'坎' 검색결과

단어 검색결과 (1~5 / 총 68건)

坎 [kǎn] 🔊 ✛
1. [명사] 감괘. [팔괘(八卦)의 하나. 괘형(卦形)은 '☵'으로, 물을 대표함]
2. [명사] (~儿) (논밭의) 두둑. 두렁.
3. [명사][비유] (~儿) 위기의 순간. 고비. 고개. 난제. 요점. 급소. 핵심. 정곡.

门坎 [ménkǎn] 🔊 ✛
1. [명사] (~儿) 문지방. 문턱.
2. [명사][방언] (문제를 해결할) 방법. 비결. 요령.
3. [명사] 솜씨. 수완. 실력.

沟沟坎坎 [gōugoukǎnkǎn] 🔊 ✛
1. [명사] 울퉁불퉁한 도로 위의 수많은 물웅덩이와 흙두둑.
2. [명사][비유] 인생에서 겪는 각종 장애와 고난.

01

중국어 문장의 구성요소

중국어에서 단어(词)는 일정한 뜻을 갖는 최소 단위다. 중국어의 단어는 단음절, 쌍음절, 다음절로 나눌 수 있다. 단음절 단어는 하나의 한자로 구성되고, 쌍음절 단어는 두 개의 한자로 구성되며, 다음절 단어는 두 개 이상의 한자로 구성된다.

중국어의 각 단어는 다음 표와 같이 실사와 허사로 나뉜다. 실사는 의미를 갖는 단어이고, 허사는 주로 실사로 구성되는 문장 구성을 도우면서 문장에서 일정한 어법적 의의를 갖는다. 실사는 명사, 동사, 형용사, 수사, 양사, 대명사 등 여섯 가지로 나뉜다. 허사는 부사, 개사, 연결사, 의성사, 감탄사, 조사 등 여섯 가지로 나뉜다. 조사는 허사로 분류되기도 하고 단독으로 취급되기도 한다.

중국어에서는 동사, 개사, 조사의 용법이 대단히 중요하기 때문에 동사, 개사, 조사는 별도의 장으로 다루어 설명하기로 한다.

중국어 단어의 분류

구성요소			예
실사		명사	韩国(한국), 同学(동창), 花儿(꽃), 铅笔(연필), 风(바람), 城市(도시)
		동사	是(~이다), 爱(사랑하다), 读(읽다), 有(있다), 知道(알다), 能(~할 수 있다), 必须(~해야 한다), 希望(~을 바라다)
		형용사	高(높다), 快(빠르다), 慢(느리다), 干净(깨끗하다), 活泼(활발하다)
		수사	一(일), 二(이), 三(삼), 十(십), 百(백), 千(천), 万(만), 零(영), 半(반)
	양사	물량사	个(개), 本(권), 张(장), 辆(대), 点(조금)
		동량사	次(차례), 遍(번), 回(번, 회)
	대명사	인칭대명사	你(너), 我(나), 他(그)(남성), 她(그녀)(여성), 我们(우리), 自己(자기)
		지시대명사	这(이), 那儿(그곳), 这样(이렇게), 那样(그렇게)
		의문대명사	谁(누구), 什么(무엇), 哪(어느), 怎么样(어떠니)
허사		부사	很(아주), 都(모두), 就(곧), 已经(이미), 又(또)
		개사	从(~로부터), 向(~에게, ~을 향해), 被(~에 의해), 比(~보다), 在(~에서)
		연결사	和(~와), 或者(또는), 但是(그렇지만), 因为(~때문에), 只要(~하기만 하면)
		의성사	哗啦(주룩주룩, 콸콸), 乒乓(또닥또닥, 툭툭)
		감탄사	喂(여보세요), 哎呀(어머나), 嗯(응)
	조사	동태조사	了(과거, 변화 등을 나타냄), 着(지속된 상태를 나타냄), 过(경험, 완료를 나타냄)
		구조조사	的, 地, 得(본문 참조)
		비유조사	一样(~처럼), 似的(~처럼)
		어기조사	吗(~이지?), 吧(~하자), 呢(~거든)

1 명사

사람, 사물, 개념 등을 나타낸다. 문장에서 주로 주어, 목적어, 한정어, 부사어, 술어, 보어 등으로 쓰인다.

- 他研究中国建筑。
  그는 **중국**의 **건축**을 연구한다.

- 跆拳道是韩国的传统武术。
  태권도는 한국의 **전통 무술**이다.

2 동사

사람이나 사물의 동작, 발전, 변화, 존재, 소실 등을 나타낸다. 문장에서 주로 술어로 쓰인다.

- 我学习社会学。
  나는 사회학을 **공부한다**.

- 周末我们不上班。
  주말에 우리는 **출근하지** 않는다.

3 형용사

사람과 사물의 성질과 상태를 나타낸다. 문장에서 주로 술어, 한정어, 보어로 쓰인다.

- 河水很<u>清澈</u>。
  강물이 매우 **맑다**.

- 树上有一只<u>雪白</u>的<u>小</u>鸟。
  나무에 **눈처럼 하얀 작은** 새 한 마리가 있다.

4 수사

수와 차수를 나타낸다. 주로 양사와 결합해 문장에서 한정어나 보어로 쓰인다.

- <u>一千多</u>名运动员参加本届城市运动会。
  1000여 명의 운동선수가 이번 도시 운동회에 참여한다.

5 양사

계산 단위를 표시한다. 양사는 사람과 사물의 단위를 표시하는 물량사(物量词)와 동작의 단위를 표시하는 동량사(动量词)로 구분된다. 양사는 수사나 这(이), 那(그), 哪(어느) 등 대명사와 결합해 주어, 목적어, 한정어, 부사어, 보어 역할을 한다. 중국어의 양사는 매우 풍부하며 널리 쓰인다. 때로는 명사를 생략하고 양사만으로 해당하는 명사를 나타낼 수도 있다.

① **물량사 예**

- 一<u>本</u>书 책 한 **권**
- 两<u>支</u>笔 붓 두 **자루**
- 三<u>个</u>朋友 친구 세 **명**

□ 四瓶酒 술 네 **병**
□ 五杯咖啡 커피 다섯 **잔**

② 동량사 예
□ 吃一口 한 **입** 먹다
□ 看一眼 한 **번** 보다
□ 打一下 한 **번** 때리다
□ 画一笔 한 **획** 그리다
□ 说一遍 한 **번** 말하다

• 我每天喝两杯咖啡。
나는 매일 커피 두 **잔**을 마신다.

• 大家都说那家味道不错。
모두들 그 **집(식당)** 맛이 좋다고 말한다.

• 周末我想回一趟老家。
주말에 나는 고향에 한 **번** 다녀오고 싶다.

• 对不起，请再说一遍。
미안해요, 다시 한 **번** 말해주세요.

6 부사

동사와 형용사를 제한하고 수식하며, 정도, 범위, 시간과 빈도, 각종 상태나 방식, 긍정과 부정, 어조 등을 나타낸다. 대개 문장에서 술어 앞에 놓여 부사어 역할을 한다.

1) 정도

很(매우), 稍微(조금, 약간), 更(더욱, 훨씬), 挺(꽤, 제법), 有点儿(약간), 非常(대단히), 十分(충분히), 尤其(특히), 太(매우), 真(정말) 등이 있다.

- 雨后的天气非常闷热。
  비가 온 후의 날씨는 **대단히** 후덥지근하다.

- 香港太平山缆车挺惊险的。
  홍콩 타이핑 산 케이블카는 **꽤** 아슬아슬하다.

2) 범위

都(모두, 전부), 也(~도), 统统(모두, 전부), 就(곧, 즉시), 仅仅(단지, 다만) 등이 있다.

- 今年的就业率仅仅提高了0.5%。
  올해 취업률은 **단지** 0.5%밖에 오르지 않았다.

- 我们都是从中国来的留学生。
  우리는 **모두** 중국에서 온 유학생들이다.

3) 시간과 빈도

在(지금), 才(비로소), 刚(방금, 막), 突然(갑자기), 曾经(일찍이), 正在(지금), 就要(곧), 顿时(문득), 终于(마침내), 常常(항상, 자주), 往往(종종), 时常(늘), 连续(연속적으로), 屡次(누차, 여러 번), 重新(다시), 再三(두세 번) 등이 있다.

- 甲方突然宣布停止现行协议。
  갑 측이 **갑자기** 현행 협의를 중지한다고 선언했다.

- 电视里正在现场直播世界杯足球赛决赛。
  텔레비전에서는 **지금** 월드컵 결승전을 현장 중계하고 있다.

4) 각종 상태나 방식

仍然(여전히), 特意(특별히), 亲自(직접, 친히), 赶紧(황급히, 서둘러), 一下子(갑자기, 한꺼번에), 连忙(재빨리), 悄悄(은밀히, 몰래), 肆意(마음대로, 함부로) 등이 있다.

- 我特意拜访了我的导师。
  나는 **특별히** 나의 지도교수를 방문했다.

- 人们一下子围了上来。
  사람들이 **후다닥** 에워쌌다.

5) 어조

难道(설마 ~이겠는가?), 究竟(도대체), 到底(도대체), 简直(완전히, 정말로), 索性(차라리), 竟然(의외로, 놀랍게도), 何必(~할 필요가 있는가?), 未免(~을 면할 수 없다) 등이 있다.

- 这篇文章到底想说明什么问题？
  이 글은 **도대체** 무슨 문제를 설명하려고 하니?

- 他竟然能背下这么多地铁站名！
  그는 **뜻밖에도** 이렇게 많은 지하철 역 이름을 외웠다!

6) 긍정과 부정

不(~하지 않다), 没有(没)(~하지 않았다), 别(~하지 마라), 莫(~하지 마라), 勿(~하지 마라) 등은 부정을 나타낸다. 不와 没有(没)는 정반질문

(긍정과 부정을 동시에 나타내는 질문)을 나타내는 의문문에도 사용된다.

- 博物馆全年都开放，<u>不</u>休息。
  박물관은 일 년 내내 개방하고 휴관하지 **않는다.**

- 他<u>没有</u>在玩游戏。
  그는 게임을 하고 있지 **않다.**

- 双方<u>没有</u>达成共识。
  쌍방은 합의에 도달하지 **않았다.**

| 정반질문의 예 |

- 你肚子饿<u>不</u>饿？(你肚子饿<u>不</u>？)
  당신은 배가 고픈가요, **고프지 않은가요?**

- 他学过汉语<u>没有</u>？(你学过汉语<u>没</u>？)
  그가 중국어를 배운 적이 있나요, **없나요?**

7 대명사

인칭대명사, 의문대명사, 지시대명사를 가리킨다. 인칭대명사는 我(나), 我们(우리), 你(너), 你们(너희), 他(그), 他们(그들), 咱们(우리), 自己(자기), 大家(모두), 它(그)(사람 이외의 것), 它们(그들)(사람 이외의 것들) 등이 있다. 의문대명사는 谁(누구), 什么(무엇), 哪(어느), 哪儿(어느 곳), 几(몇), 多少(얼마), 怎么样(어떠니?), 怎么(어떻게) 등이 있다. 지시대명사는 这(이), 那(그), 这儿(이곳), 那儿(그곳), 这么(이렇게), 那么(그렇게), 这样(이렇게), 那样(그렇게) 등이 있다. 문장에서 보통 주어, 목적어, 한정어로 사용된다.

- 你们今年去哪儿度假？
  당신들은 올해 **어디에** 가서 휴가를 보낼 거예요?

- 这样的事情是我们应该做的。
  이 같은 일은 우리가 마땅히 해야 하는 것이다.

8 개사

개사란 명사, 대명사, 명사 성격의 어구 앞에 사용되어 동작이나 성질과 관련된 시간, 장소, 방향, 대상, 원인, 방식, 피동, 비교 등의 뜻을 갖는 단어 (词)를 말한다. 예를 들면, 在(~에서), 从(~으로부터), 离(~으로부터), 往(~을 향해), 和(~와), 对于(~에 대해), 对(~에) 등이 있다.

- 我家离火车站很近。
  우리 집은 기차역**으로부터** 매우 가깝다.

- 坚果对身体很好。
  견과는 사람 몸**에** 아주 좋다.

9 조사

조사는 단어 또는 어구에 결합되어 모종의 어법적 의의를 나타낸다. 예를 들면, 了(과거를 나타냄), 的(한정어와 중심어 사이에 놓여 한정어가 중심어를 수식하는 기능을 함), 地(동사나 형용사 뒤에 붙어 부사의 기능을 하도록 만듦), 得 (동사나 형용사 뒤에 붙어 정도를 나타냄), 呢(인칭대명사 뒤에 붙어 의문을 나타냄), 吗(의문을 나타냄) 등이 있다.

- 昨天我们去了他家。

  어제 우리는 그의 집에 갔다.

- 他回答得很好。

  그는 아주 잘 대답했다.

10 연결사

어구와 문장을 연결한다. 예를 들면, 和(그리고), 跟(~와), 与(그리고, ~와), 而且(게다가, 뿐만 아니라), 而(그런데), 不但(~뿐만 아니라), 不仅(~뿐만 아니라), 如果(만약), 然而(그러나, 그렇지만), 即使(설령 ~할지라도), 那么(그렇다면), 因为(왜냐하면) 등이 있다.

- 春节和中秋节是韩国最重要的节日。

  설과 추석은 한국의 중요한 명절이다.

- 如果你能接受这项工作，那么明天给我打个电话。

  만약 당신이 이 업무를 수락할 수 있다면, 그렇다면 내일 나에게 전화해 주세요.

11 의성사

자연계의 소리를 나타낸다. 예를 들면, 滴答(똑똑), 哗啦(콸콸, 좔좔), 叮咚(댕그랑, 똑똑)(금속, 샘물 등이 부딪히거나 떨어지는 소리), 稀里哗啦(달그락달그락, 와르르) 등이 있다. 문장에서 부사어, 한정어, 술어, 보어의 역할을 한다.

- 他<u>哗啦哗啦</u>地翻抽屉。
  그는 **소란스럽게** 서랍을 뒤진다.

- 钟表发出<u>滴答滴答</u>的声音。
  시계는 **재깍재깍**하는 소리를 낸다.

감탄, 호응, 응답을 나타낸다. 예를 들면, 哈哈(하하), 哎呀(아차), 哦(오), 喂(여보세요), 嗯(응) 등으로, 주로 독립적으로 쓰인다.

- <u>哎呀</u>！我忘了带交通卡！
  아차, 나 교통카드를 가져오는 것을 잊어버렸어!

- <u>喂</u>！你在这儿干什么？
  여보세요! 당신 여기서 무엇을 하고 있나요?

중국어 단어의 분류

韩国 Hánguó 몡 한국

同学 tóngxué 몡 동창

花儿 huār 몡 꽃

铅笔 qiānbǐ 몡 연필

风 fēng 몡 바람

城市 chéngshì 몡 도시

是 shì 동 ~이다

爱 ài 동 사랑하다

读 dú 동 읽다

有 yǒu 동 있다, 갖고 있다

知道 zhīdào 동 알다

能 néng 조동 ~할 수 있다

必须 bìxū 조동 ~해야 한다

希望 xīwàng 조동 희망하다

高 gāo 형 높다

快 kuài 형 빠르다

慢 màn 형 느리다

干净 gānjìng 형 깨끗하다

活泼 huópō 형 활발하다

一 yī 수 일, 하나

二 èr 수 이, 둘

三 sān 수 삼, 셋

十 shí 수 십, 열

百 bǎi 수 백

千 qiān 수 천

万 wàn 수 만

零 líng 수 영

半 bàn 수 반

个 gè 양 개

本 běn 양 (책, 사전 등의 양사) 권

张 zhāng 양 (종이, 책상, 침대 등의 양사) 장

辆 liàng 양 (차량의 양사) 대

点 diǎn 양 조금

次 cì 양 번, 횟수

遍 biàn 양 번, 횟수

回 huí 양 번, 횟수

你 nǐ 대명 당신, 너

我 wǒ 대명 나, 저

他 tā 대명 그

她 tā 대명 그녀

我们 wǒmen 대명 우리

自己 zìjǐ 대명 자신

这 zhè 대명 이

那儿 nàr 대명 거기, 저곳

这样 zhèyàng 대명 이렇게

那样 nàyàng 대명 저렇게, 그렇게

谁 shuí 대명 누구

什么 shénme 대명 무엇, 무슨

哪 nǎ 대명 어느

怎么样 zěnmeyàng 대명 어떠니

很 hěn 부 매주, 아주

都 dōu 부 모두

就 jiù 부 곧, 바로

已经 yǐjīng 부 이미

又 yòu 부 또

从 cóng 개 ~로부터

向 xiàng 개 ~을 향해, ~에게

被 bèi 개 ~에 의해 (무엇을 당하다)

比 bǐ 개 ~보다

在 zài 개 ~에서

和 hé 연결 ~와

或者 huòzhě 연결 또는, 아니면

但是 dànshì 연결 그렇지만, 그러나

因为 yīnwèi 연결 ~때문에

只要 zhǐyào 연결 ~하기만 하면

哗啦 huālā 의정 주룩주룩, 콸콸
乒乓 pīngpāng 의정 또닥또닥, 툭툭
喂 wèi 감 여보세요
哎呀 āiyā 감 아이고, 어머나
嗯 èng 감 응
了 le 조 과거, 변화 등을 나타냄
着 zhe 조 지속된 상태를 나타냄
过 guò 조 경험, 완료를 나타냄
的 de 조 ~의, ~것, 한정어와 명사를 연결함
地 de 조 부사어와 동사/형용사를 연결함
得 de 조 동사/형용사와 보어를 연결함
一样 yíngyàng 조 ~처럼
似的 shìde 조 ~처럼
吗 ma 조 의문을 나타냄
吧 ba 조 의문과 건의를 나타냄
呢 ne 조 의문을 나타냄

1. 명사
研究 yánjiū 동 연구하다
中国 Zhōngguó 명 중국
建筑 jiànzhù 명 건축
跆拳道 táiquándào 명 태권도
是 shì 동 ~이다
韩国 Hánguó 명 한국
传统 chuántǒng 명 전통
武术 wǔshù 명 무술

2. 동사
学习 xuéxí 동 공부하다, 배우다
社会学 shèhuìxué 명 사회학
周末 zhōumò 명 주말
不 bù 부 ~하지 않다
上班 shàngbān 동 출근하다

3. 형용사
河水 héshuǐ 명 강물
清澈 qīngchè 형 맑다
树 shù 명 나무
上 shàng 명 위쪽
有 yǒu 동 있다, 갖고 있다
只 zhī 양 (동물 등의 양사) 마리
雪白 xuěbái 형 눈처럼 희다
小 xiǎo 형 작다
鸟 niǎo 명 새

4. 수사
千 qiān 수 천
多 du 수 남짓
名 míng 양 (사람 인원수의 양사) 명
运动员 yùndòngyuán 명 운동선수
参加 cānjiā 동 참가하다, 참여하다
本届 běnjiè 명 이번, 금회
运动会 yùndònghuì 명 운동회

5. 양사
本 běn 양 (책 등의 양사) 권
书 shū 명 책
两 liǎng 수 둘
支 zhī 양 (필기구, 담배 등의 양사) 자루
笔 bǐ 명 필기구
朋友 péngyǒu 명 친구
瓶 píng 명 양 병; 병으로 담은 물건의 양사
酒 jiǔ 명 술
五 wǔ 수 오, 다섯
杯 bēi 명 양 컵; 컵으로 담은 물건의 양사
咖啡 kāfēi 명 커피
吃 chī 동 먹다

口 kǒu 명양 입; (맞) 입 (먹다)
看 kàn 동 보다
眼 yǎn 명양 눈; (맞) 번 (보다)
打 dǎ 동 때리다, (전화) 걸다
下 xià 양 (맞) 번 (하다)
画 huà 동 그리다
说 shuō 동 말하다
遍 biàn 양 번, 횟수
每天 měitiān 명 매일
喝 hē 동 마시다
座 zuò 양 다리, 산, 건물 등의 양사
桥 qiáo 명 다리, 교량
比 bǐ 개 ~보다
长 cháng 형 길다
大家 dàjiā 대명 여러분
都 dōu 부 모두
家 jiā 명양 집; 음식점, 회사, 공장, 상점
　　등의 양사
味道 wèidào 명 맛
不错 búcuò 형 괜찮다, 좋다
想 xiǎng 조동 ~하고 싶다
回 huí 동 돌아가(오)다
趟 tàng 양 번, 횟수
老家 lǎojiā 명 고향
对不起 duìbuqǐ 미안하다, 죄송하다
请 qǐng 동 (경어) 상대방에게 무언가를
　　요청할 때 쓰임
再 zài 부 다시

6. 부사
1) 정도
稍微 shāowēi 부 조금, 약간
更 gèng 부 더욱

挺 tǐng 부 꽤, 매우
有点儿 yǒudiǎnr 부 조금
非常 fēicháng 부 대단히
十分 shífēn 부 아주, 대단히, 정말
尤其 yóuqí 부 더욱이, 특히, 매우
太 tài 부 너무, 지나치게
真 zhēn 부 정말, 참으로
雨 yǔ 명 비
后 hòu 명 뒤
天气 tiānqì 명 날씨
闷热 mēnrè 형 무덥다
香港 Xiānggǎng 명 홍콩
太平山 Tàipíngshān 명 타이핑 산
缆车 lǎnchē 명 케이블카
惊险 jīngxiǎn 형 아슬아슬하다, 스릴 있다

2) 범위
也 yě 부 또한
统统 tǒngtǒng 부 모두
仅仅 jǐnjǐn 부 단지, ~뿐, 간신히
今年 jīnnián 명 금년, 올해
就业率 jiùyèlù 명 취업률
提高 tígāo 동 향상시키다, 높이다
从 cóng 개 ~로부터
来 lái 동 오다
留学生 liúxuéshēng 명 유학생

3) 시간과 빈도
才 cái 부 겨우, 비로소
刚 gāng 부 막, 금방
突然 tūrán 부 갑자기
曾经 céngjīng 부 이전에, 일찍이
正在 zhèngzài 부 지금 (~하고 있다)

就要 jiùyào 🈚 곧 (~될 것이다)
顿时 dùnshí 🈚 문득, 갑자기
终于 zhōngyú 🈚 드디어, 마침내
常常 chángcháng 🈚 항상
往往 wǎngwǎng 🈚 종종, 흔히
时常 shícháng 🈚 늘, 항상, 자주
连续 liánxù 🈚 연속적으로
屡次 lǚcì 🈚 누차, 여러 번
重新 chóngxīn 🈚 다시
再三 zàisān 🈚 두세 번, 거듭
甲方 jiǎfāng 🈫 갑 측
宣布 xuānbù 🈑 선언하다
停止 tíngzhǐ 🈑 멈추다, 중지하다
现行 xiànxíng 🈫 현행
协议 xiéyì 🈫 협의
电视 diànshì 🈫 텔레비전
里 lǐ 🈫 안, 속
现场 xiànchǎng 🈫 현장
直播 zhíbō 🈑 생중계하다
世界杯 shìjièbēi 🈫 월드컵
足球 zúqiú 🈫 축구
赛 sài 🈫 경기
决赛 juésài 🈫 결승전

4) 각종 상태나 방식
仍然 réngrán 🈚 여전히
特意 tèyì 🈚 특별히, 일부러
亲自 qīnzì 🈚 직접
赶紧 gǎnjǐn 🈚 황급히, 서둘러
一下子 yíxiàzi 🈚 한꺼번에, 갑자기
连忙 liánmáng 🈚 재빨리
悄悄 qiāoqiāo 🈚 은밀히, 몰래
肆意 sìyì 🈚 마음대로, 함부로

拜访 bàifǎng 🈑 찾아뵙다
导师 dǎoshī 🈫 지도교수, 스승님
人们 rénmen 🈫 사람들
围 wéi 🈑 둘러싸다
上来 shànglái 🈑 올라오다

5) 어조
难道 nándào 🈚 설마 ~이겠는가?
究竟 jiūjìng 🈚 도대체
到底 dàodǐ 🈚 도대체
简直 jiǎnzhí 🈚 완전히, 정말로
索性 suǒxìng 🈚 차라리
竟然 jìngrán 🈚 의외로, 놀랍게도
何必 hébì 🈚 ~할 필요가 있는가?
未免 wèimiǎn 🈚 ~을 면할 수 없다
篇 piān 🈒 (글, 기사 등의 양사) 편
文章 wénzhāng 🈫 글
说明 shuōmíng 🈑 설명하다
问题 wèntí 🈫 문제, 질문
背下 bèixià 🈑 외우다
这么 zhème 🈓 이렇게
地铁站 dìtiězhàn 🈫 지하철 역
名 míng 🈫 이름

6) 긍정과 부정
没有 méiyǒu 🈚 ~하지 않았다, ~한 적 없다
别 bié 🈚 ~하지 마라
莫 mò 🈚 ~하지 마라, ~해서는 안 된다
勿 wù 🈚 ~하지 마라
博物馆 bówùguǎn 🈫 박물관
全年 quánnián 🈫 연간, 일 년 내내
开放 kāifàng 🈑 개방하다
休息 xiūxi 🈑 쉬다

玩 wán 图 놀다
游戏 yóuxì 图 게임
双方 shuāngfāng 图 양쪽, 양측
达成 dáchéng 图 달성하다, 도달하다
共识 gòngshí 图 합의, 인식의 일치
肚子 dùzi 图 배
饿 è 图 배고프다
学 xué 图 배우다, 공부하다
过 guò 图 (동사/형용사 뒤에 쓰여) ~한
　적이 있다
汉语 Hànyǔ 图 중국어

7. 대명사

我们 wǒmen 대명 우리
你们 nǐmen 대명 당신들, 너희
他们 tāmen 대명 그들
咱们 zánmen 대명 우리
自己 zìjǐ 대명 자신
它 tā 대명 (사람 이외의 것을 가리킴) 그것
它们 tāmen 대명 그것들
怎么样 zěnmeyàng 대명 어떻다
怎么 zěnme 대명 어떻게, 왜
这儿 zhèr 대명 이곳
那儿 nàr 대명 그곳
这么 zhème 대명 이렇게
那么 nàme 대명 그렇게
这样 zhèyàng 대명 이렇게
那样 nàyàng 대명 그렇게
去 qù 图 가다
度假 dùjià 图 휴가를 보내다
事情 shìqing 图 일
应该 yīnggāi 조동 ~해야 한다
做 zuò 图 하다, 만들다

8. 개사

从 cóng 개 ~으로부터
离 lí 개 ~으로부터
往 wǎng 개 ~을 향해
和 hé 개 ~와
对于 duìyú 개 ~에 대해
对 duì 개 ~에
火车站 huǒchēzhàn 图 기차역
近 jìn 图 가깝다
坚果 jiānguǒ 图 견과류
身体 shēntǐ 图 몸, 건강
好 hǎo 图 좋다

9. 조사

了 le 图 과거, 변함을 나타냄
的 de 图 ~의, ~것, 한정어와 명사를 연결함
地 de 图 부사어와 동사/형용사를 연결함
得 de 图 동사/형용사와 보어를 연결함
呢 ne 图 의문을 나타냄
吗 ma 图 의문을 나타냄
昨天 zuótiān 图 어제
回答 huídá 图 대답하다

10. 연결사

与 yǔ 연결 ~와
而且 érqiě 연결 그리고
而 ér 연결 그런데
不但 búdàn 연결 ~뿐만 아니라
不仅 bùjǐn 연결 ~뿐만 아니라
如果 rúguǒ 연결 만약
然而 rán'ér 연결 그렇지만, 그런데
即使 jíshǐ 연결 설령 ~할지라도
那么 nàme 연결 그러면

因为 yīnwèi 연결 왜냐하면
春节 Chūnjié 명 설날
中秋节 Zhōngqiūjié 명 추석
最 zuì 부 제일
重要 zhòngyào 형 중요하다
节日 jiérì 명 명절
接受 jiēshòu 동 받아들이다
项 xiàng 양 일, 운동, 항목의 양사
工作 gōngzuò 명 일
明天 míngtiān 명 내일
给 gěi 개 ~에게
打 dǎ 동 때리다, 전화를 걸다
电话 diànhuà 명 전화

11. 의성사
滴答 dīdā 의성 똑똑
哗啦 huālā 의성 졸졸, 콸콸
叮咚 dīngdōng 의성 댕그랑, 똑똑
稀里哗啦 xīlǐhuālā 의성 달그락달그락,
　　와르르
翻 fān 동 뒤집다, 뒤지다
抽屉 chōuti 명 서랍
钟表 zhōngbiǎo 명 시계
发出 fāchū 동 (소리 등을) 내다
声音 shēngyīn 명 소리

12. 감탄사
哈哈 hāhā 감 하하
哎呀 āiyā 감 아이고
哦 ó 감 오
喂 wèi 감 여보세요
忘 wàng 동 잊다
带 dài 동 가지다, 휴대하다
交通卡 jiāotōngkǎ 명 교통카드
在 zài 개 ~에, ~에서
干 gàn 동 하다

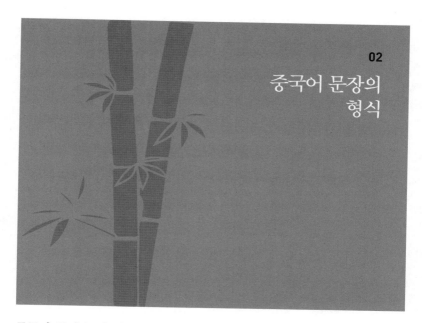

02
중국어 문장의
형식

중국어 문장은 각 단어를 바탕으로 일반적으로 여섯 가지 요소로 구성된다. 바로 주어(主语), 술어(谓语), 목적어(宾语), 한정어 또는 관형어(定语), 부사어(状语), 보어(补语)다. 그중 주요 요소는 주어, 술어, 목적어이고, 한정어, 부사어, 보어는 보조 요소다. 이를 표로 나타내면 다음과 같다.

문장의 구성요소	예	
주어	爸爸看报纸。	**아버지**는 신문을 보신다.
술어	爸爸看报纸。	아버지는 신문을 **보신다.**
목적어	爸爸看报纸。	아버지는 **신문**을 보신다.
한정어	爸爸看英文报纸。	아버지는 **영문** 신문을 보신다.
부사어	爸爸仔细地看报纸。	아버지는 **자세하게** 신문을 보신다.
보어	爸爸看完报纸了。	아버지는 신문을 **다** 보셨다.

중국어 문장은 크게 명사술어 문장, 형용사술어 문장, 동사술어 문장 세 가지로 나눌 수 있다. 명사술어 문장과 형용사술어 문장은 목적어를 수반하지 않는다. 동사술어 문장은 목적어를 수반할 수 있다. 예를 들면 다음과 같다.

- 명사술어 문장
  书<u>五块</u>。 책은 **5위안이다**

- 형용사술어 문장
  天气<u>冷</u>。 날씨가 **차다**

- 동사술어 문장
  我<u>学汉语</u>。 나는 **중국어를 배운다**

위의 예에서 한정어, 부어, 보어 등 보조 성분이 더해지면 더욱 복잡한 문장이 된다.

한정어는 명사나 명사구인 중심어를 제한하고 묘사하는 역할을 하는 것으로, 중심어 앞에 놓인다. 한정어와 중심어 사이에는 가끔 구조조사 '的'이 들어간다.

부사어는 술어를 수식한다. 부사어는 시간, 장소, 정도, 부정, 방식, 범위, 상태, 대상, 어조 등을 나타내는 것으로, 주어의 앞이나 뒤, 술어 앞에 놓인다. 부사어와 그 부사어가 수식하는 술어 사이에는 가끔씩 '地'가 들어간다.

보어는 형용사 또는 동사를 보충 설명하는 역할을 하는 것으로, 일반적으로 형용사 또는 동사 뒤에 놓인다. 형용사 또는 동사와 보어 사이에는 때로는 구조조사 '得'이 들어간다.

한정어	주어	부사어	술어	보어	목적어
我买的这本	书	只有	五块。		

→ 내가 구입한 이 책은 단 5위안이다.

한정어	주어	부사어	술어	보어	목적어
秋冬两季的	天气	非常	冷。		

→ 가을, 겨울 두 계절의 날씨는 대단히 춥다.

한정어	주어	부사어	술어	보어	목적어
秋冬两季的	天气		冷	得要命。	

→ 가을, 겨울 두 계절의 날씨는 몹시 춥다.

한정어	주어	부사어	술어	보어	목적어
	我	每天	学	三个小时	汉语。

→ 나는 매일 3시간씩 중국어를 공부한다.

한정어	주어	부사어	술어	보어	목적어
	他	考试时每天	学	到半夜。	

→ 그는 시험 기간 동안 매일 밤늦게까지 공부한다.

한정어	주어	부사어	술어	보어	목적어
	我		学	得很努力。	

→ 나는 열심히 공부한다.

중국어에는 명사술어 문장이 많지 않다. 명사술어 문장은 일반적으로 시간, 날씨, 계절, 이름, 연령, 성격, 외모, 수 등을 나타낸다.

반면, 동사술어 문장과 형용사술어 문장은 대단히 많고 구조 역시 비교적 복잡하다. 다음은 동사술어 문장과 형용사술어 문장의 기본 형식을 예로 든 것이다.

1 주어 + 술어(동사) + 목적어

주어	부사어	술어	한정어	목적어
我		见		同学。

→ 나는 동창을 만난다.

주어	부사어	술어	한정어	목적어
我	明天在长城饭店	见	几个高中	同学。

→ 나는 내일 장성호텔에서 몇 명의 고등학교 동창을 만날 것이다.

2 주어 + 술어(동사/형용사) + 수량보어 + 목적어(형용사인 경우 목적어가 없다)

부사어	주어	부사어	술어	수량보어	목적어
	我	每天都	学习	三个小时	汉语。

→ 나는 매일 세 시간씩 중국어를 공부한다.

부사어	주어	부사어	술어	수량보어	목적어
中午	我	只	吃	一碗	面条。

→ 점심 때 나는 한 그릇의 국수만 먹는다.

부사어	주어	부사어	술어	수량보어	목적어
听到这个好消息后	我们		兴奋了	好几天。	

→ 이 소식을 듣고 나서 우리는 며칠 동안 흥분했다.

3 주어 + 술어(동사/형용사) + 得 + 정도보어

구조조사 得 뒤에는 동사술어나 형용사술어의 정도나 상태를 보충 설명하는 내용이 나온다. 또한 형용사술어의 정도나 상태를 보충 설명할 때에는 형용사 앞에 很, 非常, 太, 挺 등의 부사어를 쓰며, 得을 쓰지 않고 뒤에 极了, 透了, 死了 등을 사용하기도 한다.

부사어	주어	술어	정도보어
	中国	发展	得很快。

→ 중국은 대단히 빨리 발전한다.

부사어	주어	술어	정도보어
改革开放后	中国	发展	得很快。

→ 개혁개방 후 중국은 대단히 빨리 발전한다.

부사어	주어	술어	정도보어
	我	高兴	得流出了眼泪。

→ 나는 눈물을 흘릴 정도로 즐겁다.

부사어	주어	술어	정도보어
	我	高兴	极了。

→ 나는 대단히 즐겁다.

목적어가 있는 경우 두 가지 방식으로 목적어를 놓을 수 있다. 즉, '주어 +
동사 + 목적어 + 동사(반복) + 得 + 정도보어' 형식이나 '주어 + 목적어 + 동
사 + 得 + 정도보어' 형식으로 문장을 구성할 수 있다.

- 这本书解释语法解释得很清楚。
  이 책은 문법을 아주 명확하게 해설하고 있다.
  (직역: 이 책은 문법을 해석하는데, 아주 명확하게 해설하고 있다)

- 这本书语法解释得很清楚。
  이 책은 문법을 아주 명확하게 해설하고 있다.

---

4 **주어 + 술어(동사/형용사) + 결과보어**

결과보어는 동작, 행위, 상태의 결과를 설명하는 것으로, 형용사 또는 동사
가 담당한다. 예를 들면, 我看**完**了(나는 다 보았다), 我看**错**了(내가 잘못 보
았다), 我看**对**了(내가 맞게 보았다), 我看**清楚**了(나는 명확하게 보았다) 등이
있다.

주어	부사어	술어	결과보어	한정어	목적어
你		听	懂	他说的	话了吗?

→ 당신은 그가 한 말을 이해했습니까?

주어	부사어	술어	결과보어	한정어	목적어
我们	昨天	找	到了	那个丢失的	孩子。

→ 어제 우리는 그 잃어버린 아이를 찾았다.

주어	부사어	술어	결과보어	한정어	목적어
人	怎么	冷漠	到	这种	程度呢?

→ 사람이 어떻게 그 정도로 냉정한가?

주어	부사어	술어	결과보어	한정어	목적어
冬天		冷	到	零下	30度。

→ 겨울은 영하 30도까지 내려간다.

목적어는 보통 결과보어 뒤에 놓이지만, 주어 앞에 놓일 수도 있다.

- 昨天那个丢失的孩子我们找到了。
  어제 **그 잃어버린 아이를** 우리가 찾았다.

- 他说的话你听懂了吗？
  그가 한 말을 당신은 이해했습니까?

방향을 나타내는 동사 来, 去, 上, 下, 回, 起, 进, 出, 上去, 上来, 下去, 下来, 起来, 进来, 进去, 出来, 出去, 回来, 回去 등은 동사나 형용사 뒤에 쓰여 동작이나 상태의 방향을 나타낸다.

한정어	주어	부사어	술어	방향보어	한정어	목적어
一只	兔子	从草丛中	跳	出来。		

→ 한 마리의 토끼가 풀숲에서 뛰어나왔다.

한정어	주어	부사어	술어	방향보어	한정어	목적어
	妹妹	从书店	买	回来	她想看的	书。

→ 여동생이 서점에서 자신이 보고 싶었던 책을 사서 돌아왔다.

한정어	주어	부사어	술어	방향보어	한정어	목적어
	天气	渐渐	热	起来了。		

→ 날씨가 점차 더워지기 시작했다.

목적어가 장소인 경우에는 목적어가 来/去의 앞에 놓인다. 목적어가 일반 명사인 경우에는 목적어가 来/去의 앞 또는 뒤에 놓일 수 있다.

- 他跑进教室去。
  그는 교실로 뛰어 **들어간다**.

- 妹妹从书店买<u>回</u>她想看的书<u>来</u>。
  여동생은 서점에서 자신이 보고 싶었던 책을 사서 **돌아왔다**.

→ 방향보어에 관한 설명은 3장의 '방향동사'를 참조.

6 주어 + 술어(동사/형용사) + 가능보어

가능보어는 동사(형용사)와 결과보어나 방향보어 사이에 '得'이나 '不'를 사용해 가능성이 있는지 없는지를 나타나는데, '得'을 사용하면 가능하다는 뜻이고 '不'를 사용하면 불가능하다는 뜻이다. 예를 들면 다음과 같다.

- 看<u>得</u>完 ↔ 看<u>不</u>完
  다 볼 수 **있다** / 다 볼 수 **없다**

- 看<u>得</u>懂 ↔ 看<u>不</u>懂
  알아볼 수 **있다** / 알아볼 수 **없다**

- 看<u>得</u>清楚 ↔ 看<u>不</u>清楚
  똑똑히 볼 수 **있다** / 똑똑히 볼 수 **없다**

- 找<u>得</u>到 ↔ 找<u>不</u>到
  찾을 수 **있다** / 찾을 수 **없다**

- 听<u>得</u>懂 ↔ 听<u>不</u>懂
  알아들을 수 **있다** / 알아들을 수 **없다**

- 跳<u>得</u>出来 ↔ 跳<u>不</u>出来
  뛰어나올 수 **있다** / 뛰어나올 수 **없다**

그 밖에 동작 또는 상태가 가능한지 여부는 동사 또는 형용사 뒤에 '得了'
와 '不了'를 써서 나타낸다. '得了'는 가능함을 나타내고 '不了'는 불가능함
을 나타낸다. 예를 들면 다음과 같다.

- 吃<u>不了</u> ↔ 吃<u>得了</u>
  먹을 수 **없다** / 먹을 수 **있다**

- 做<u>不了</u> ↔ 做<u>得了</u>
  할 수 **없다** / 할 수 **있다**

- 去<u>不了</u> ↔ 去<u>得了</u>
  갈 수 **없다** / 갈 수 **있다**

한정어	주어	부사어	술어	가능보어	한정어	목적어
	他	一下子	吃	得完	这盒	冰淇淋吗?

→ 그는 한 번에 이 통의 아이스크림을 다 먹을 수 있습니까?

한정어	주어	부사어	술어	가능보어	한정어	목적어
	天气	可能	热	不起来了。		

→ 날씨가 아마 더울 수 없을 것이다.

한정어	주어	부사어	술어	가능보어	한정어	목적어
	大家		看	得见	黑板上的	字吗?

→ 여러분은 칠판의 글자가 보입니까?

한정어	주어	부사어	술어	가능보어	한정어	목적어
	你		吃	得了	这么多	饺子吗?

→ 당신은 이렇게 많은 만두를 먹을 수 있습니까?

한정어	주어	부사어	술어	가능보어	한정어	목적어
星期五的	运动会	可能	开	不了。		

→ 금요일의 운동회는 아마도 열릴 수 없을 것 같다.

목적어는 보통 가능보어 뒤에 놓이는데, 가끔 주어의 앞이나 바로 뒤에 놓이기도 한다.

- 他吃不完这盒冰淇淋。
  그는 **이 통의 아이스크림을** 다 먹을 수 없다.

- 这盒冰淇淋他吃不完。
  이 통의 아이스크림을 그는 다 먹을 수 없다.

爸爸 bàba 圏 아빠

看 kàn 图 보다

报纸 bàozhǐ 圏 신문

英文 yīngwén 圏 영문

仔细 zǐxì 圏 자세하다

完 wán 图 끝나다

书 shū 圏 책

块 kuài 昭 (인민폐 단위) 위안

冷 lěng 圏 춥다

买 mǎi 图 사다, 구입하다

只有 zhǐyǒu 덴 단지

秋 qiū 圏 가을

冬 dōng 圏 겨울

季 jì 圏 계절

非常 fēicháng 덴 대단히, 아주

要命 yàomìng 덴 엄청, 몹시

小时 xiǎoshí 圏 (시간의 단위) 시간

考试 kǎoshì 圏 시험

时 shí 圏 ~때, ~무렵

到 dào 图 도착하다, ~까지 오다

半夜 bàn 圏 한밤중

努力 nǔlì 圏 노력하다

见 jiàn 图 만나다, 보다

同学 tóngxué 圏 동창

长城饭店 ChángchéngFàndiàn 圏 장성
　　호텔

高中 gāozhōng 圏 고등학교

中午 zhōngwǔ 圏 정오

只 zhǐ 덴 단지

碗 wǎn 圏昭 그릇; 그릇으로 담은 물건의
　　양사

面条 miàntiáo 圏 국수

听到 tīngdào 图 듣게 되다

消息 xiāoxi 圏 소식

兴奋 xìngfèn 圏 흥분하다

好几天 hǎojǐtiān 圏 며칠 동안

发展 fāzhǎn 圏图 발전; 발전하다

改革开放 gǎigékāifàng 圏 개혁개방

高兴 gāoxìng 圏 기쁘다

流出 liúchū 图 흘러나온다

眼泪 yǎnlèi 圏 눈물

极了 jíle 덴 아주, 매우

解释 jiěshì 图 해석하다

语法 yǔfǎ 圏 어법

清楚 qīngchǔ 圏 뚜렷하다, 분명하다

错 cuò 圏 틀리다

对 duì 圏 맞다

听 tīng 图 듣다

懂 dǒng 图 이해하다

话 huà 圏 말, 이야기

找到 zhǎodào 图 찾아내다

丢失 diūshī 图 잃어버리다

孩子 háizi 圏 아이

冷漠 lěngmò 圏 냉담하다, 냉정하다

种 zhǒng 圏 종류

程度 chéngdù 圏 정도

零下 língxià 圏 영하

度 dù 圏 도

兔子 tùzi 圏 토끼

草丛 cǎocóng 圏 풀숲

中 zhōng 圏 가운데, 속

跳 tiào 图 뛰다

出来 chūlái 图 나오다

书店 shūdiàn 圏 서점

回来 huílái 图 돌아오다

渐渐 jiànjiàn 덴 점점, 점차

热 rè 휑 덥다

起来 qǐlái 통 일어나다

跑 pǎo 통 달리다

进去 jìnqù 통 들어가다

教室 jiàoshì 명 교실

得了 deliǎo 동사/형용사 뒤에 쓰이며, 동
　작이나 상태가 가능함을 나타냄

不了 bùliǎo 동사/형용사 뒤에 쓰이며, 동
　작이나 상태가 불가능함을 나타냄

一下子 yíxiàzi 튄 한꺼번에

盒 hé 멩 튄 통, 갑, 함; 함으로 담는 물건
　의 양사

冰淇淋 bīngqílín 명 아이스크림

可能 kěnéng 튄 아마

看得见 kàndejiàn 통 보인다, 볼 수 있다

黑板 hēibǎn 명 칠판

上 shàng 명 위

字 zì 명 글자

饺子 jiǎozi 명 만두

星期五 xīngqīwǔ 명 금요일

03

동사의 활용

1 조동사

조동사는 동사 앞에 위치해 필요, 가능, 희망 등을 나타내는 동사다.

1) 능력

능력을 나타내는 조동사로는 能, 能够, 会가 있으며, '할 수 있다'는 뜻을 지닌다.

- 我会开汽车。
  나는 자동차를 몰 **수 있다**.

- 我们公司能够解决这个问题。
  우리 회사는 이 문제를 해결할 **수 있다**.

2) 가능

가능을 나타내는 조동사로는 能, 能够, 会, 可以가 있으며, '가능하다'는 뜻을 지닌다. 能否(가능한지 아닌지) 역시 가능을 나타낸다.

- 锻炼能够增强体质。
  체력단련은 체질을 강화시킬 **수 있다**.

- 能否完成上海现代管理研究中心托付给我的调查任务，说实在的并没把握。
  상하이 현대관리연구센터가 나에게 위임한 조사 임무를 완수할 **수 있을지 없을지** 사실대로 말하면 확신이 없었다.

3) 필요

필요를 나타내는 조동사로는 该, 要, 得, 应当, 应该, 必须가 있으며, '(반드시) ~해야 한다'라는 뜻을 지닌다.

- 学生活动周时你们应该表演一些节目。
  학생활동 주간에 너희들은 **반드시** 몇 개의 프로그램을 연출**해야 한다**.

- 你不应当去那种地方。
  당신은 그런 곳에 가지 않아**야 한다**.

- 军人必须服从上级的命令。
  군인은 **반드시** 상급자의 명령에 복종**해야 한다**.

4) 희망

희망을 나타내는 조동사로는 要, 想, 愿意, 希望이 있으며, '~을 원하다, 바라다'라는 뜻을 지닌다.

- 我衷心希望本次春季研讨会取得圆满成功。
  나는 충심으로 이번 춘계 연구토론회가 원만하게 개최되길 **희망한다**.

- 他不愿意替我们办这件事。
  그는 우리를 대신해 이 업무를 처리하고 **싶어 하지** 않는다.

방향을 나타내는 동사 来(오다), 去(가다), 上(올라오다), 下(내려가다) 등은 다른 동사 뒤에 놓여 방향을 나타낸다. 또한 来, 去는 上, 下, 进, 出, 回, 过, 起와 결합해 방향을 나타내기도 한다. 방향동사는 단독으로 술어 기능을 할 수도 있지만, 대부분 형용사 또는 다른 동사 뒤에 결합해 방향보어 기능을 한다.

	上	下	进	出	回	过	起
来	上来 올라오다	下来 내려오다	进来 들어오다	出来 나오다	回来 돌아오다	过来 건너오다	起来 일어나다
去	上去 올라가다	下去 내려가다	进去 들어가다	出去 나가다	回去 돌아가다	过去 건너가다	

- 天上飞过来一只大雁。
  하늘에 한 마리의 기러기가 **날아왔다**.

- 他从外面跑进来。
  그는 밖에서 **뛰어 들어왔다**.

- 自行车我没有骑回来。
  나는 자전거를 **타고 돌아오지** 않았다.

- 他从箱子里拿出来一个精致的手表。
  그는 상자에서 정교한 손목시계를 **꺼냈다**.

방향보어로 사용되는 동사는 원래의 의미에서 확대되는 경우도 종종 있다.

- 听了他的话大家都大笑起来。
  그의 말을 듣고 다들 **웃기 시작했다**.

- 说起来容易做起来难。
  말하기는 쉬워도 **하기는** 어렵다.

- 快穿上衣服去医院吧。
  빨리 옷을 **입고** 병원에 가봐.

- 考上清华大学是他努力的结果。
  칭화대학교에 **합격한** 것은 그가 노력한 결과다.

- 这个新建的体育馆能坐下一万名观众。
  새로 건축한 이 체육관은 1만 명의 관중을 **수용할** 수 있다.

- 他脱下帽子，挂在衣架上。
  그는 모자를 **벗어** 옷걸이에 걸었다.

- 刚才他提出的几个问题你记下来了吗？
  지금 그가 제기한 몇 가지 문제를 당신은 **기록했나요**?

- 几个小时站下来，腿都麻木了。
  몇 시간 **서 있었더니** 다리가 마비되었어.

- 如果我们按照这个思路继续下去，我想会达到预期的目标。
  만약 우리가 이 사고방식대로 **계속한다면**, 나는 기대한 목표에 도달할 것이라고 생각한다.

- 你一定要<u>坚持下去</u>，会出成绩的。
  당신이 계속 **버텨나가면**, 성과를 낼 수 있을 거야.

- 密闭车厢里的温度升到了40度，几个乘客<u>昏迷过去</u>了。
  꽉 닫힌 객실 안의 온도는 40도를 넘었고, 몇몇 승객은 **혼미해졌다**.

- 病人又<u>晕过去</u>了，快输氧！
  환자가 다시 **혼미해졌어**, 빨리 산소를 공급해!

- 又要工作，又要做家务，你能<u>忙过来</u>吗？
  직장일도 해야 하고 가사일도 해야 하는데, 당신은 **감당해낼** 수 있나요?

- 手术后病人终于<u>醒过来</u>了。
  수술 후 환자는 마침내 **깨어났다**.

- 我能<u>听出来</u>他是韩国人。
  나는 (그가 말하는 것을 듣고) 그가 한국인이라는 것을 **알아낼** 수 있다.

- 你能<u>看出来</u>这是谁写的字吗？
  당신은 이것이 누가 쓴 글자인지 (보고) **알아낼** 수 있나요?

---

3 **동사의 중첩**

동사가 중첩되면 일시적인 동작이나 시험 삼아 해본다는 의미를 나타낸다.
단음절 동사가 중첩되는 형식은 AA, A一A(과거형식은 A了A, A了一A)이고,
쌍음절 동사가 중첩되는 형식은 ABAB(과거형식은 AB了AB)다. 예를 들면,
试试(시험해보다), 尝一尝(맛보다) , 商量商量(상의해보다), 介绍介绍(한번
소개하다) 등과 같은 형식으로 쓰인다.

- 你想想我说的对不对。

  당신은 내가 말한 것이 맞는지 맞지 않는지 **생각해보세요.**

- 我们先算一算这个课题大概需要多少钱。

  우리는 이 프로젝트가 대략 얼마 정도의 돈이 드는지 먼저 **계산해보자.**

- 我仔细翻了翻这本书，终于找到了我要找的材料。

  나는 이 책을 자세히 **보고 또 봐** 마침내 내가 찾으려는 자료를 찾았다.

- 她尝了一尝小摊儿上的水果，皱了一皱眉头，就走了。

  그녀는 노점상의 과일을 **맛보고 나서** 미간을 **찡그린 뒤** 가버렸다.

- 他和父母又商量了商量，最后决定推迟毕业。

  그와 부모는 **의논해본 뒤** 마침내 졸업 연기를 결정했다.

1. 조동사

能 néng [조동] 할 수 있다, 가능하다
能够 nénggòu [조동] 할 수 있다
会 huì [조동] 할 줄 알다
开 kāi [동] 열다, 운전하다
汽车 qìchē [명] 차
公司 gōngsī [명] 회사
解决 jiějué [동] 해결하다
问题 wèntí [명] 문제, 질문
可以 kěyǐ [조동] 할 수 있다
能否 néngfǒu [조동] 가능한지 아닌지
锻炼 duànliàn [동] 단련하다
增强 zēngqiáng [동] 강화하다, 증강하다
体质 tǐzhì [명] 체력
完成 wánchéng [동] 완성하다
上海 Shànghǎi [명] 상하이
现代 xiàndài [명] 현대
管理 guǎnlǐ [명] 관리
研究 yánjiū [명] 연구
中心 zhōngxīn [명] 중심, 센터
托付 tuōfù [동] 부탁하다, 위임하다
调查 diàochá [명] 조사
任务 rènwù [명] 임무
说实在的 shuōshízàide 사실대로 말하면
并 bìng [부] 결코
把握 bǎwò [명] 자신, 확신
该 gāi [조동] ~해야 한다
要 yào [조동] ~해야 한다, ~할 필요가 있다
得 děi [조동] ~해야 한다
应当 yīngdāng [조동] 마땅히 ~해야 한다
应该 yīnggāi [조동] 마땅히 ~해야 한다
必须 bìxū [조동] 반드시 ~해야 한다
学生 xuéshēng [명] 학생

活动 huódòng [명] 활동
周 zhōu [명] 주간
时 shí [명] ~때, ~무렵
表演 biǎoyǎn [명][동] 공연, 연기; 공연하다
一些 yìxiē [양] 약간의, 조금의
节目 jiémù [명] 프로그램
地方 dìfang [명] 지방, 곳
军人 jūnrén [명] 군인
服从 fúcóng [동] 복종하다
上级 shàngjí [명] 상급
命令 mìnglìng [명] 명령
愿意 yuànyì [조동] 원하다
希望 xīwàng [조동] 희망하다
衷心 zhōngxīn [형] 충심이다
本次 běncì [명] 이번
春季 chūnjì [명] 춘계
研讨会 yántǎohuì [명] 연구토론회
取得 qǔdé [동] 얻다
圆满 yuánmǎn [형] 원만하다
成功 chénggōng [명] 성공
替 tì [개] ~을 위해
办 bàn [동] 처리하다, 하다
这 zhè [대명] 이, 이것
件 jiàn [양] (일의 양사) 건
事 shì [명] 일

2. 방향동사

天上 tiānshàng [명] 하늘
飞 fēi [동] 날다, 비행하다
过来 guòlái [동] 다가오다, 이리로 오다
大雁 dàyàn [명] 기러기
外面 wàimian [명] 밖
自行车 zìxíngchē [명] 자전거

骑 qí 宮 타다
箱子 xiāngzi 명 상자
拿出来 náchūlái 宮 꺼내다
精致 jīngzhì 형 정교하다
手表 shǒubiǎo 명 손목시계
笑起来 xiàoqǐlái 宮 웃기 시작하다
容易 róngyi 형 쉽다
难 nán 형 어렵다
快 kuài 형 빠르다
穿上 chuānshàng 宮 입다
衣服 yīfu 명 옷
医院 yīyuàn 명 병원
考上 kǎoshàng 宮 (학교, 시험에) 합격하다
清华大学 QīnghuáDàxué 명 칭화대학교
结果 jiéguǒ 명 결과
新建 xīnjiàn 宮 새로 건축하다
体育馆 tǐyùguǎn 명 체육관
坐下 zuòxià 宮 앉다
观众 guānzhòng 명 관중
脱下 tuōxià 宮 벗기다
帽子 màozi 명 모자
挂在 guàzài 宮 ~에 걸다
衣架 yījià 명 옷걸이
刚才 gāngcái 명 방금
提出 tíchū 宮 제기하다, 제의하다
记下来 jìxiàlái 宮 기록해두다
站下来 zhànxiàlái 宮 계속 서 있었다
腿 tuǐ 명 다리
麻木 mámù 형 저리다, 마비되다
按照 ànzhào 개 ~에 따라, ~에 의해
思路 sīlù 명 생각, 사고의 맥락
继续 jìxù 宮 계속하다
下去 xiàqù 宮 내려가다

达到 dádào 宮 달성하다, 이르다
预期 yùqī 宮 기대하다
目标 mùbiāo 명 목표
一定 yídìng 부 반드시
坚持 jiānchí 宮 견디다
出 chū 宮 나오다
成绩 chéngjì 명 성적, 실적
密闭 mìbì 형 밀폐하다
车厢 chēxiāng 명 화물칸, 객실
温度 wēndù 명 온도
升到 shēngdào 宮 ~까지 오르다
乘客 chéngkè 명 승객
昏迷过去 hūnmíguòqù 宮 의식을 잃다
病人 bìngrén 명 환자
又 yòu 부 또, 다시
晕过去 yūnguòqù 宮 까무러치다, 기절
하다
输氧 shūyǎng 宮 산소를 공급하다
家务 jiāwù 명 가사, 집안일
手术 shǒushù 명 수술
终于 zhōngyú 부 드디어
醒 xǐng 宮 깨어나다
韩国人 Hánguórén 명 한국인
写 xiě 宮 쓰다, 적다

3. 동사의 중첩
试 shì 宮 시도하다
尝 cháng 宮 시험 삼아 해보다, 맛보다
商量 shāngliàng 宮 상의하다
介绍 jièshào 宮 소개하다
先 xiān 부 먼저, 일단
算 suàn 宮 계산하다
课题 kètí 명 프로젝트

大概 dàgài 閉 대략
需要 xūyào 图 소요하다
多少 duōshǎo 대명 얼마
钱 qián 명 돈
找 zhǎo 图 찾다
材料 cáiliào 명 재료, 자료
摊儿 tānr 명 노점
水果 shuǐguǒ 명 과일
皱 zhòu 图 찡그리다, 찌푸리다
眉头 méitóu 명 미간, 눈썹
走 zǒu 图 걷다, 떠나다
父母 fùmǔ 명 부모님
最后 zuìhòu 명 최후, 끝
决定 juédìng 图 결정하다
推迟 tuīchí 图 미루다, 연기하다
毕业 bìyè 명 졸업

04

개사의 활용

개사는 단독으로 문장의 구성요소가 될 수 없다. 개사는 명사, 대명사 또는 명사구와 결합해 어구를 형성하며, 부사어, 보어, 한정어로 기능한다.

1 방향을 나타내는 개사

| 朝 | ~을 향해

- 他<u>朝</u>南走去了。
  그는 남쪽**을 향해** 갔다.

| 向 | ~에게

- 回去以后<u>向</u>你的父母问好。
  돌아간 뒤 당신의 부모**에게** 안부를 전해주세요.

| 往 | ~쪽으로

* 请往前走。
  앞**으로** 가세요.

| 从 | ~로부터, ~에서

* 哥哥从市场买回来许多海鲜。
  형은 시장**에서** 많은 해산물을 사왔다.

| 到 | ~에 가서

* 他每天到市场去买菜。
  그는 매일 시장**에 가서** 반찬을 산다.

| 沿着 | ~을 따라

* 沿着小河走就会看到一个小屋。
  시냇물**을 따라** 걸으면 작은 집을 볼 수 있다.

| 顺着 | ~을 따라

* 你顺着这条大路一直往前走，就能看见那所大学了。
  당신이 이 큰길**을 따라** 앞으로 걷다 보면 그 대학교를 볼 수 있다.

2 장소, 어떠한 방면을 나타내는 개사

| 在 | ~에서

* 小狗在草地上不停地打滚。
  강아지가 풀밭**에서** 계속해서 뒹군다.

∣于∣ ~에, ~에서

- 他毕业于圣公会大学。
  그는 성공회대학교**에서** 졸업했다.

- 学习好不好主要取决于自己努力的程度。
  공부를 잘하고 못하고는 주로 자신의 노력의 정도**에** 달려 있다.

3 시간을 나타내는 개사

∣从∣ ~로부터

- 从两国正式建立外交关系时起，双方都严格遵守协议的规定。
  두 국가가 외교관계를 확립한 때**로부터** 쌍방은 모두 협정의 내용을 엄격하게 준수하고 있다.

∣于∣ ~에

- 两国于2010年进行了协商并发表共同声明。
  두 국가는 2010년**에** 협상을 진행했고 동시에 공동성명서를 발표했다.

∣当∣ ~할 때

- 当听到这首歌时我就想起儿时的朋友来。
  이 노래를 들었을 **때** 어린 시절 친구가 생각났다.

∣趁∣ ~의 기회에, ~의 시기에

- 趁年轻多学点儿东西，为将来打基础。
  젊을 **때** 많은 것을 공부하는 것은 미래의 기반을 닦기 위해서다.

| 随着 | ~함에 따라

- <u>随着</u>生活水平的提高，人们越来越注重生活的质量了。
  생활수준이 높아짐**에 따라** 사람들은 점점 생활의 질을 중요시한다.

| 自从 | ~한 때로부터

- <u>自从</u>毕业后我们一直没有联系。
  졸업한 **후부터** 우리는 줄곧 연락하지 않았다.

4 대상을 가리키는 개사

| 对 | ~에 대해

- 我们必须要<u>对</u>劳动制度作全面的改革。
  우리는 반드시 노동제도**에 대해** 전면적인 개혁을 해야 한다.

| 给 | ~에, ~에게

- 天气的恶化<u>给</u>救援工作带来许多不便。
  기상 악화는 구조작업**에** 수많은 불편을 초래했다.

| 对于 | ~에 있어

- <u>对于</u>一个刚刚毕业的学生，这次机会非常难得。
  막 졸업한 한 학생**에게 있어** 이번 기회는 매우 얻기 힘든 것이다.

| 关于 | ~에 관해

- 电视台想制作一个<u>关于</u>多文化家庭的节目。
  방송국은 다문화 가정**에 관한** 프로그램을 제작할 생각이다.

| 替 | ~을 대신해

- 老师的弟弟替老师给各个家长发了停课的短信。
  선생님의 동생은 선생님을 **대신해** 각 학부모에게 휴강 문자를 발송했다.

| 像 | ~처럼, ~와 같이

- 像许多同时代的知识分子一样，他也十分关心国事。
  상당수 동시대의 지식인과 **마찬가지로**, 그도 국가의 일에 큰 관심을 가지고 있다.

| 如 | ~와 같이

- 这"大时代"也如医学上的所谓"极期"一般，是生死的分歧点。
  이 '대시대'도 의학에서 말하는 소위 '극한 시기'**와 마찬가지로** 생사의 분기점이다.

5 목적을 나타내는 개사

| 为 | ~을 위해, ~을 위한

- 毛泽东有句名言——为人民服务。
  마오쩌둥의 유명한 명언이 있다: 인민**을 위해** 봉사하자

| 为了 | ~을 위해

- 大家为了准备春节晚会彻夜彩排。
  모두 설날 밤 연회**를 위해** 밤새도록 리허설을 했다.

| 按照 | ~을 따라

• 中国人喜欢按照出生顺序称呼他们的孩子。
중국인들은 출생 순서**에 따라** 아이를 호칭하길 좋아한다.

| 据 | ~에 따르면

• 据人民日报社的统计，今年该报社的发行量已超过三百万份。
인민일보사의 통계**에 따르면**, 올해 이 신문사의 발행 부수는 이미 300만 부를 넘었다.

| 依据 | ~에 근거해, ~에 따라

• 公民依据国家的宪法和法律规定享有权利。
시민은 국가의 헌법과 법률 규정**에 근거해** 권리를 갖는다.

| 依 | ~에 따라

• 依此类推下去，我们可以得出正确的答案。
이러한 방식**에 따라** 유추해나가면 우리는 정확한 답을 얻어낼 수 있다.

| 本着 | ~에 근거해

• 本公司本着"顾客就是上帝"的原则向各位提供最优质的服务。
이 회사는 '손님은 왕이다'라는 원칙**에 근거해** 손님들에게 가장 우수한 서비스를 제공한다.

| 经过 | ~을 거쳐

• 经过一段时间的努力，她的体重达到了正常体重。
얼마 정도의 노력**을 거쳐** 그녀의 체중은 정상 체중이 되었다.

| 通过 | ~을 거쳐

- 我们通过各种途径终于找到了孩子的生母。
  우리는 각종 경로**를 거쳐** 마침내 아이의 생모를 찾았다.

| 以 | ~으로써

- 最后双方以各自都很满意的价格谈妥了生意。
  마지막에는 쌍방이 모두 아주 만족스러운 가격**으로** 거래에 타협했다.

| 凭 | ~에 근거해

- 凭多年的经验，他觉得这个方法行不通。
  다년간의 경험**에 근거해** 그는 이 방법이 통하지 않는다고 생각한다.

| 靠 | ~에 의지해, ~에 기대어

- 父亲靠摆地摊养活我们全家。
  아버지는 노점**에 의지해** 우리 가족을 부양한다.

| 拿 | ~을 근거로

- 你拿什么证明你是对的？
  당신은 무슨 증거**를 근거로** 당신이 옳다고 합니까?

7 피동과 사역을 나타내는 개사

| 被 | ~에 의해

- 我被老师训了一顿。
  나는 선생님**으로부터** 한차례 훈계를 받았다.

| 叫 | ~에 의해

- 那只花瓶不知道叫谁打碎了。
  그 화병은 누구**에 의해** 산산조각이 났는지 모른다.

| 让 | ~에 의해

- 玩具让孩子玩坏了。
  장난감은 아이**에 의해** 고장 났다.

| 给 | ~에 의해

- 我的帽子给风吹掉了。
  내 모자는 바람**에 의해** 날아갔다.

8 비교를 나타내는 개사

| 比 | ~에 비해

- 他觉得自己比别人聪明。
  그는 자신이 다른 사람**에 비해** 총명하다고 생각한다.

9 처분을 나타내는 개사

| 把 | ~을

- 请把这本画报放在我桌子上。
  이 화보**를** 제 책상 위에 놓아주세요.

| 将 | ~을

- 各个学校都将这项工作放在了首位。
  각 학교에서는 이 프로젝트**를** 가장 우선순위에 두었다.

10 배제를 나타내는 개사

| 除了 | ~을 제외하고

- 除了这个城市以外，其它的城市我都去过。
  이 도시 **외에** 나는 다른 도시는 모두 가보았다.

- 假期里我除了打工，还考取了驾驶执照。
  방학 동안 나는 아르바이트를 한 **것 외에** 운전면허증도 땄다.

11 원인을 나타내는 개사

| 由于 | ~때문에

- 道路由于积雪暂时不能通行。
  도로에 쌓인 눈 **때문에** 잠시 통행할 수 없다.

| 因 | ~때문에

- 他因伤退出了比赛。
  그는 부상 **때문에** 경기에서 퇴장했다.

| 连 | 조차

* 你<u>连</u>这个道理也不懂？真是的！

  당신은 이런 도리**조차** 이해 못해? 정말!

* 这首歌现在非常流行，<u>连</u>老人都会哼几句。

  이 노래는 지금 대단히 유행하고 있어서 노인**조차** 모두 몇 구절은 흥얼거
  릴 수 있다.

1. 방향을 나타나는 개사

朝 cháo 〔개〕 ~을 향해

南 nán 〔명〕 남쪽

向 xiàng 〔개〕 ~을 향해, ~에게

回去 huíqù 〔동〕 돌아가다

以后 yǐhòu 〔명〕 이후

问 wèn 〔동〕 질문하다, 묻다

往 wǎng 〔개〕 ~을 향해

前 qián 〔명〕 앞

哥哥 gēge 〔명〕 오빠, 누나

市场 shìchǎng 〔명〕 시장

许多 xǔduō 〔형〕 많다

海鲜 hǎixiān 〔명〕 해산물

菜 cài 〔명〕 야채

沿着 yánzhe 〔개〕 (노선, 길)을 따라

看到 kàndào 〔동〕 보게 되다, 보이다

屋 wū 〔명〕 집, 가옥, 방

顺着 shùnzhe 〔개〕 ~을 따라

条 tiáo 〔양〕 강, 길, 바지 등 길쭉한 물건의 양사

大路 dàlù 〔명〕 큰길

一直 yìzhí 〔부〕 계속, 줄곧

看见 kànjiàn 〔동〕 보게 되다, 보이다

所 suǒ 〔양〕 대학교, 기관 등의 양사

大学 dàxué 〔명〕 대학교

2. 장소, 어떠한 방면을 나타내는 개사

小狗 xiǎogǒu 〔명〕 강아지

草地 cǎodì 〔명〕 풀밭

不停 bùtíng 〔부〕 계속

打滚 dǎgǔn 〔동〕 구르다

于 yú 〔개〕 ~에, ~에서

圣公会大学 ShènggōnghuìDàxué 〔명〕 성

공회대학교

主要 zhǔyào 〔형〕〔부〕 주요하다; 주로

取决于 qǔjuéyú 〔동〕 ~에 달려 있다

程度 chéngdù 〔명〕 정도

3. 시간을 나타내는 개사

正式 zhèngshì 〔부〕 정식으로

建立 jiànlì 〔동〕 건립하다, 수립하다

外交 wàijiāo 〔명〕 외교

关系 guānxi 〔명〕 관계

起 qǐ 〔동〕 (从과 결합해 从…起 형태로 구성) ~로부터 시작하다

严格 yángé 〔형〕 엄격하다

遵守 zūnshǒu 〔동〕 준수하다

规定 guīdìng 〔명〕〔동〕 규정; 규정하다

进行 jìnxíng 〔동〕 진행하다

协商 xiéshāng 〔동〕 협상하다

并 bìng 〔연결〕 그리고

发表 fābiǎo 〔동〕 발표하다

共同 gòngtóng 〔형〕 공동의

声明 shēngmíng 〔명〕 성명문

当 dāng 〔개〕 (시간이나 장소를 나타냄) ~때, ~에서

听到 tīngdào 〔동〕 듣게 되다

首 shǒu 〔양〕 (노래의 양사) 곡

歌 gē 〔명〕 노래

想起 xiǎngqǐ 〔동〕 생각나다

儿时 érshí 〔명〕 어렸을 때

趁 chèn 〔개〕 (시간이나 기회를) 이용해

年轻 niánqīng 〔형〕 젊다

东西 dōngxi 〔명〕 물건, ~것(들)

为 wèi 〔개〕 ~을 위해

将来 jiānglái 〔명〕 장래

基础 jīchǔ 圆 기초

随着 suízhe 게 ~에 따라

生活 shēnghuó 圆 생활

水平 shuǐpíng 圆 수준

提高 tígāo 图 높이다, 향상하다

越来越 yuèláiyuè 图 점점

注重 zhùzhòng 图 중시하다

质量 zhìliàng 圆 품질

自从 zìcóng 게 ~한 때로부터

联系 liánxì 图 연락하다

4. 대상을 가리키는 개사

必须 bìxū 图 반드시, 꼭

劳动 láodòng 圆 노동

制度 zhìdù 圆 제도

作 zuò 图 하다

全面 quánmiàn 图 전면적인

恶化 èhuà 图 악화되다

救援 jiùyuán 图 구원하다

带来 dàilái 图 가져오다

不便 búbiàn 圆 불편함

机会 jīhuì 圆 기회

难得 nándé 图 얻기 쉽지 않다, 드물다

关于 guānyú 게 ~에 관해, ~에 대해

电视台 diànshìtái 圆 텔레비전 방송국

制作 zhìzuò 图 제작

多文化家庭 duōwénhuàjiātíng 圆 다문
화가정

老师 lǎoshī 圆 선생님

弟弟 dìdi 圆 남동생

各个 gègè 때圆 각각

家长 jiāzhǎng 圆 학부모

发 fā 图 보내다

停课 tíngkè 图 휴강하다

短信 duǎnxìn 圆 문자 메시지

像 xiàng 게 ~처럼, ~와 같이

同时代 tóngshídài 圆 같은 시대

知识分子 zhīshífènzǐ 圆 지식인

一样 yíyàng 图 ~와 같이

十分 shífēn 图 아주, 매우

关心 guānxīn 图 관심을 갖다

国事 guóshì 圆 국사, 나랏일

如 rú 게 ~와 같이

医学 yīxué 圆 의학

所谓 suǒwèi 图 소위, 이른바

极期 jíqī 극한 시기

一般 yìbān 图 일반적인, 보통의

生死 shēngsǐ 생사

分歧点 fēnqídiǎn 圆 분기점

5. 목적을 나타내는 개사

毛泽东 MáoZédōng 圆 마오쩌둥

句 jù 图 (말의 양사) 마디

名言 míngyán 圆 명언

人民 rénmín 圆 인민, 국민

服务 fúwù 图 봉사하다

准备 zhǔnbèi 图 준비하다

春节晚会 Chūnjiéwǎnhuì 圆 설날 밤 연회

彻夜 chèyè 圆 온밤, 밤새

彩排 cǎipái 图 리허설을 하다

6. 방식을 나타내는 개사

喜欢 xǐhuān 图 좋아하다

出生 chūshēng 图 출생하다, 태어나다

顺序 shùnxù 圆 순서

称呼 chēnghū 圆图 호칭; ~라고 부르다

据 jù [개] ~에 근거해

人民日报社 Rénmínrìbàoshè [명] 인민일
  보사

统计 tǒngjì [명] 통계

该 gāi [대명] 이

发行量 fāxíngliàng [명] 발행 부수

已 yǐ [부] 이미, 벌써

超过 chāoguò [동] 초과하다

份 fèn [양] (신문, 잡지 등의 양사) 부

依据 yījù [개] ~에 근거해

公民 gōngmín [명] 공민, 국민

宪法 xiànfǎ [명] 헌법

法律 fǎlǜ [명] 법률

规定 guīdìng [명] 규정

享有 xiǎngyǒu [동] 향유하다

权利 quánlì [명] 권리

此 cǐ [대명] 이, 이것

类推 lèituī [동] 유추하다

得出 déchū [동] 얻어내다

正确 zhèngquè [형] 정확하다, 바르다

答案 dá'àn [명] 답안

本着 běnzhe [개] ~에 의거해

本 běn [대명] 이번

顾客 gùkè [명] 고객

上帝 shàngdì [명] 하느님

原则 yuánzé [명] 원칙

各 gè [대명] 각각

位 wèi [양] (경어) 분, 명

提供 tígòng [동] 제공하다

优质 yōuzhì [형] 우수하다

经过 jīngguò [개] ~을 거쳐

段 duàn [양] (시간, 공간, 글 등의 양사) 부
  분, 단락, 구간

时间 shíjiān [명] 시간

体重 tǐzhòng [명] 체중

正常 zhèngcháng [형] 정상하다

通过 tōngguò [개] ~을 통해

种 zhǒng [양] 종류

途径 tújìng [명] 경로, 방법, 수단

生母 shēngmǔ [명] 생모

各自 gèzì [대명] 각자

满意 mǎnyì [형] 마음에 들다, 만족하다

价格 jiàgé [명] 가격

谈妥 tántuǒ [동] 타협하다

生意 shēngyì [명] 사업, 거래

凭 píng [개] ~에 근거해

多年 duōnián [명] 다년간

经验 jīngyàn [명] 경험

觉得 juéde [동] 느끼다

方法 fāngfǎ [명] 방법

行不通 xíngbutōng (방법이) 통하지 않다

靠 kào [개] ~에 기대어, ~에 의지해

父亲 fùqin [명] 부친, 아버지

摆 bǎi [동] 진열하다

地摊 dìtān [명] 노점

养活 yǎnghuó [동] 부양하다

全家 quánjiā [명] 온 가족

拿 ná [개] ~을 근거로

证明 zhèngmíng [명][동] 증명; 증명하다

7. 피동과 사역을 나타내는 개사

被 bèi [개] ~에 의해

训 xùn [동] 훈계하다

顿 dùn [양] 끼니, 한바탕

叫 jiào [개] ~에 의해

花瓶 huāpíng [명] 꽃병

不知道 bùzhīdào 통 모르다

打碎 dǎsuì 통 산산조각이 나다

玩具 wánjù 명 장난감

坏 huài 형 나쁘다, 고장 나다

吹 chuī 통 바람을 불다

掉 diào 통 떨어지다

暂时 zànshí 명 잠깐, 잠시

通行 tōngxíng 통 통행하다

因 yīn 개 ~때문에

伤 shāng 명 상처, 부상

退出 tuìchū 통 퇴장하다

比赛 bǐsài 명 경기

8. 비교를 나타내는 개사

别人 biérén 대명 다른 사람

聪明 cōngming 형 총명하다

12. 강조를 나타내는 개사

连 lián 개 ~조차

道理 dàolǐ 명 도리

真是的 zhēnshìde 정말!

流行 liúxíng 형 유행하다

老人 lǎorén 명 노인

哼 hēng 통 흥얼거리다

9. 처분을 나타내는 개사

把 bǎ 개 ~을

画报 huàbào 명 화보

放在 fàngzài 통 ~에 놓다

桌子 zhuōzi 명 탁자

将 jiāng 개 ~을

学校 xuéxiào 명 학교

首位 shǒuwèi 명 우선순위

10. 배제를 나타내는 개사

除了 chúle 개 ~을 제외하고

以外 yǐwài 명 이외

其它 qítā 대명 기타

假期 jiàqī 명 방학 기간, 휴가 기간

打工 dǎgōng 통 아르바이트하다

考取 kǎoqǔ 통 시험을 봐서 따다

驾驶执照 jiàshǐzhízhào 명 운전면허증

11. 원인을 나타내는 개사

由于 yóuyú 개 ~때문에

道路 dàolù 명 도로

积雪 jīxuě 명 쌓인 눈

05
조사의 활용

중국어의 조사에는 동태조사, 구조조사, 비유조사, 어기조사 등이 있다. 동태조사로는 了, 着, 过, 구조조사로는 的, 地, 得, 비유조사로는 一样, 似的, 어기조사로는 吗, 吧, 呢, 啊, 罢了, 的 등이 있다. 그 밖에 기타 조사로는 所, 给이 있다.

1 동태조사

동태조사로는 了, 着, 过가 있으며, 동사, 형용사의 뒤에 놓여 동태, 즉 동작이나 상태가 어떤 과정에 있는지를 나타낸다.

1) 了

동사나 형용사 뒤에 놓여 동작이나 상태가 이미 발생했음을 나타낸다.

- 我<u>写了</u>一封信。

  나는 편지를 **썼다**.

- <u>热了</u>一个月，终于下雨了。

  한 달 동안 **덥더니** 마침내 비가 내렸다.

2) 着

동사나 형용사 뒤에 놓여 현재 진행되고 있거나 상태가 지속되고 있음을 나타낸다.

- 我们正<u>开着</u>会。

  우리는 지금 회의를 **하고 있다**.

- 爷爷常常<u>躺着</u>看电视。

  할아버지는 늘 **누워서** 텔레비전을 보신다.

3) 过

동사 뒤에 놓여 과거에 어떤 경험이 있음을 나타낸다. 만약 过 뒤에 了가 붙으면 동작의 완성을 나타낸다.

- 我<u>看过</u>这本小说。

  나는 이 소설을 **본 적 있다**.

- 我们这一代人<u>没有经历过</u>文化大革命。

  우리 세대는 문화대혁명을 **경험한 적 없다**.

- 这件事我们<u>调查过了</u>，确实是我们职员的过失。

  이 일을 우리는 **조사한 적 있는데**, 확실히 우리 직원의 과실이다.

구조조사로는 的, 地, 得이 있으며, 부가적인 요소와 중심어 사이의 구조적 관계를 표시한다.

1) 的

的의 위치 및 역할은 다음과 같다.

(1) 한정어와 한정어가 수식하는 중심어를 연결시킨다.

- 学校后面有一座郁郁葱葱的山。
  학교 뒤에 나무가 **울창한** 산이 있다.

(2) 명사, 대명사, 동사, 형용사 뒤에 놓여 명사구를 만든다.

- 该做的没有做，不该做的做了。
  해야 할 것은 하지 않고 **하지 않아야 할 것**은 했어.

- 这样的成绩是得之不易的。
  이런 성적은 **얻기 힘든 것**이다.

(3) 강조구에서 사용된다.

- 我是去年结的婚。
  나는 작년에 결혼했다. (결혼한 시기를 강조)

- 我是在北京大学学的汉语。
  나는 베이징대학교에서 중국어를 공부했다. (공부한 장소를 강조)

2) 地

地는 부사어와 동사나 형용사 사이에 놓인다.

- 他正在<u>认真地</u>听课。
  그는 **진지하게** 수업을 듣고 있다.

3) 得

得은 동사나 형용사와 보어를 연결한다. 得 뒤에 나오는 보어는 정도보어와 가능보어다.

- 我在中国<u>过得</u>很愉快。
  나는 중국에서 아주 유쾌**하게 지낸다**. (정도보어)

- 最近的天气<u>冷得</u>人都怕出门。
  최근 날씨는 사람들이 문 밖에 나가는 것을 두려워할 **만큼 춥다**. (정도보어)

- 我们坐在这儿，<u>看得</u>清舞台上的演员吗？
  우리가 여기에 앉으면 무대 위의 연기자를 잘 **볼 수** 있을까? (가능보어)

---

3 비유조사

비유조사로는 一样, 似的이 있으며, 단어나 구 뒤에 붙여 비유하는 바와 비슷함을 나타낸다. 보통 像이나 好像과 함께 사용된다.

- 孩子们的脸<u>好像</u>一朵朵盛开的<u>花一样</u>。
  아이들의 얼굴은 **마치** 송이송이 활짝 핀 **꽃과 같다**.

- 他<u>像箭一样</u>地跑出去了。
  그는 **화살같이** 뛰어나갔다.

68

- 那是一个黑瘦的、乞丐似的男人。
  그것은 검고 야윈, **거지와 같은** 남자다.

어기조사는 어구에서 끊어 읽는 부분 또는 어미에 붙어 어조의 상태를 나타낸다. 어기조사에는 진술을 나타내는 어기사, 의문을 나타내는 어기사, 권유를 나타내는 어기사, 감탄을 나타내는 어기사가 있다.

1) 진술을 나타내는 어기조사

了(~한다, ~했다, ~할 것이다), 吧(~이지), 嘛(~이잖아), 罢了(~일 따름이다), 的(~인 것이다)

- 今年的最强台风就要登陆了，各个部门要做好防范工作。
  올해의 가장 강한 태풍이 곧 **상륙할 것이니** 각 부문은 예방 업무를 잘해야 한다.

- 可乐中含有柠檬酸吧，所以我们可以用它来清洗窗户。
  콜라에는 구연산이 **들어 있지요**. 그래서 우리는 그것을 이용해 창문을 깨끗하게 닦을 수 있어요.

- 我只是说说罢了，没有别的意思。
  난 단지 **말했을 뿐이야**. 다른 뜻은 없었어.

- 如果你有意见就提嘛。
  만약 의견이 있으면 **제기하려무나**.

- 这部电影一定会获得公众好评的。
  이 영화는 틀림없이 대중의 호평을 **받을 것이다**.

2) 의문을 나타내는 어기조사

吗(인가?), 吧(이죠?), 呢(인가요?)

- 你学会游泳了吗？
  당신은 수영을 **배웠나요?**

- 听口音，您是东北人吧？
  발음을 들어보니 당신은 **동북 사람이죠?**

- 你们这次旅行要去什么地方呢？
  당신들은 이번 여행에서 어느 곳으로 **가려고 하나요?**

3) 권유를 나타내는 어기조사

吧(~해보자, ~해봐), 了(~하다), 啊(~하세요)

- 你复印一下儿身份证吧。
  당신은 신분증을 **복사하세요.**

- 现在车多，过马路的时候千万要小心啊。
  지금은 차가 많으니, 길을 건널 때 반드시 **조심하세요.**

- 你别再劝他了，劝也没用。
  당신은 더 이상 그에게 권유하지 **마세요.** 권유해도 소용없어요.

4) 감탄을 나타내는 어기조사

啊(아), 了(이다)

- 他的行为方式太不可思议了！
  그의 행동방식은 정말 **불가사의하다!**

- 这些各式各样的糕点真诱人啊！
  이 각양각색의 떡은 정말 **사람을 유혹하는구나**!

5 기타 조사

1) 所

所는 주로 문어체에서 사용되는 조사인데, 보통 被나 为와 결합해 피동을 나타낸다. 또한 所는 타동사 앞에 붙기도 한다. 이때 '所 + 동사' 구조는 명사구가 된다.

- 这首流行歌家喻户晓，早为男女老少所熟悉了。
  이 유행가는 집집마다 다 알고, 일찍부터 남녀노소**에게 잘 알려져 있다**.

- 野史书中所记载的内容有时也有一定的参考价值。
  야사 책에 **기록된** 내용도 때로는 어느 정도 참고할 가치가 있다.

- 这次在西藏的所见所闻给我们留下了深刻的印象。
  이번에 티베트에서 **보고 들었던 것**은 우리에게 깊은 인상을 남겼다.

2) 给

给은 회화에서 많이 사용되는 조사로, 보통 동사 앞에 붙어 동작을 강조한다.

- 他把我的书给弄脏了。
  그는 내 책을 **더럽혔다**.

- 电影票我都给预定好了，你怎么又不去了？
  영화표를 내가 **예매해** 놓았는데, 당신은 어떻게 또 안 갈 수 있나요?

1. 동태조사

封 fēng ⟨양⟩ 편지의 양사
信 xìn ⟨명⟩ 편지
一个月 yígeyuè ⟨명⟩ 한 달
开会 kāihuì ⟨동⟩ 회의를 열다
爷爷 yéye ⟨명⟩ 할아버지
常常 chángcháng ⟨부⟩ 항상
躺 tǎng ⟨동⟩ 눕다
小说 xiǎoshuō ⟨명⟩ 소설
一代人 yídàirén ⟨명⟩ 한 세대 사람들
经历 jīnglì ⟨동⟩ 경험하다
文化大革命 Wénhuàdàgémìng ⟨명⟩ 문화
　대혁명
调查 diàochá ⟨동⟩ 조사하다
确实 quèshí ⟨부⟩ 확실히
职员 zhíyuán ⟨명⟩ 직원
过失 guòshī ⟨명⟩ 과실

2. 구조조사

后面 hòumiàn ⟨명⟩ 뒤
郁郁葱葱 yùyùcōngcōng ⟨형⟩ 울창하다
山 shān ⟨명⟩ 산
该 gāi ⟨조동⟩ ~해야 하다
得之不易 dézhībúyì ⟨성어⟩ 얻기 어렵다
时候 shíhòu ⟨명⟩ ~때, ~무렵
结婚 jiéhūn ⟨동⟩ 결혼하다
北京大学 BěijīngDàxué ⟨명⟩ 베이징대학교
认真 rènzhēn ⟨형⟩ 진지하다
课 kè ⟨명⟩ 수업, 과목
过 guò ⟨동⟩ 지내다
愉快 yúkuài ⟨형⟩ 즐겁다, 유쾌하다
最近 zuìjìn ⟨명⟩ 최근, 요새
寒冷 hánlěng ⟨형⟩ 매우 춥다, 한랭하다

怕 pà ⟨동⟩ 두려워하다
出门 chūmén ⟨동⟩ 나가다, 외출하다
坐在 zuòzài ~에 앉다
看得清 kàndeqīng ⟨동⟩ 잘 보이다
舞台 wǔtái ⟨명⟩ 무대
演员 yǎnyuán ⟨명⟩ 배우

3. 비유조사

脸 liǎn ⟨명⟩ 얼굴
好像 hǎoxiàng ⟨부⟩ 마치~와 같다
朵 duǒ ⟨양⟩ (꽃의 양사) 송이
盛开 shèngkāi ⟨동⟩ 활짝 피다
箭 jiàn ⟨명⟩ 화살
出去 chūqù ⟨동⟩ 나가다
黑 hēi ⟨형⟩ 검다
瘦 shòu ⟨형⟩ 마르다
乞丐 qǐgài ⟨명⟩ 거지
男人 nánrén ⟨명⟩ 남자

4. 어기조사

嘛 ma ⟨조⟩ (사실을 강조하는 조사) ~잖아
罢了 bàle ⟨조⟩ ~일 따름이다
强 qiáng ⟨형⟩ 강하다
台风 táifēng ⟨명⟩ 태풍
就要 jiùyào ⟨부⟩ 곧 ~할 것이다
登陆 dēnglù ⟨동⟩ 상륙하다
部门 bùmén ⟨명⟩ 부문
防范 fángfàn ⟨동⟩ 경비하다, 경계하다
可乐 kělè ⟨명⟩ 콜라
含有 hányǒu ⟨동⟩ 함유하다
柠檬酸 níngméngsuān ⟨명⟩ 구연산
所以 suǒyǐ ⟨연결⟩ 그래서
用 yòng ⟨동⟩ 사용하다

清洗 qīngxǐ 图 씻다

窗户 chuānghu 图 창문

别的 biéde 때图 다른 것

意思 yìsi 图 뜻, 의미

意见 yìjiàn 图 의견

提 tí 图 제기하다

部 bù 图 (책, 영화 등의 양사) 부, 편

电影 diànyǐng 图 영화

获得 huòdé 图 받다, 얻다

公众 gōngzhòng 图 대중

好评 hǎopíng 图 호평

游泳 yóuyǒng 图 수영

口音 kǒuyīn 图 발음, 말투

东北人 dōngběirén 图 동북 사람

旅行 lǚxíng 图 여행

地方 dìfang 图 곳, 지방

复印 fùyìn 图 복사하다

身份证 shēnfènzhèng 图 신분증

车 chē 图 차량

过 guò 图 건너다

马路 mǎlù 图 길

千万 qiānwàn 图 반드시

小心 xiǎoxīn 图 조심하다

劝 quàn 图 권하다

没用 méiyòng 图 소용없다

行为 xíngwéi 图 행위

方式 fāngshì 图 방식

不可思议 bùkěsīyì 성어 불가사의하다

这些 zhèxiē 때图 이러한, 이런 것들

各式各样 gèshìgèyàng 성어 각양각색

糕点 gāodiǎn 图 빵, 떡 등

诱人 yòurén 图 매혹적이다

5. 기타 조사

所 suǒ 조 被, 为와 결합해 피동을 나타냄

家喻户晓 jiāyùhùxiǎo 성어 집집마다 다 알다

早 zǎo 图 일찍이

为 wéi 깨 ~에게

男女老少 nánnǚlǎoshào 图 남녀노소

熟悉 shúxi 图 익숙하다

野史 yěshǐ 图 야사

记载 jìzǎi 图 기재하다

内容 nèiróng 图 내용

有时 yǒushí 图 가끔, 어떨 때

参考 cānkǎo 图 참고하다

价值 jiàzhí 图 가치

西藏 Xīzàng 图 티베트

所见所闻 suǒjiànsuǒwén 성어 보고 들은 것

留下 liúxià 图 남다

深刻 shēnkè 图 깊다

印象 yìnxiàng 图 인상

弄 nòng 图 하다, 만들다, 만지다

脏 zāng 图 더럽다

电影票 diànyǐngpiào 图 영화표

预定 yùdìng 图 예매하다

중국어 문장의
유형

06

중국어의 문장은 크게 단문과 복문으로 나뉜다.

I. 단문

단문은 단어와 짧은 구문으로 구성되는데, 완전한 뜻을 표현하며 특정한
어조를 담고 있다.

1 **주어 + '주어 + 술어' 단문**

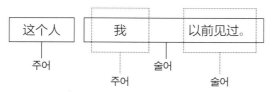

→ 이 사람은 내가 이전에 본 적이 있다.

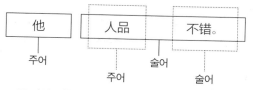

→ 그 사람 인품이 좋다.

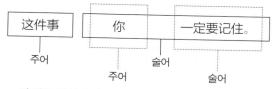

→ 이 일은 당신이 반드시 기억해야 한다.

2 두 개의 목적어를 가진 단문

일부 타동사는 두 개의 목적어를 동시에 가질 수 있는데, 첫 번째 목적어는
간접목적어인 사람이고 두 번째 목적어는 직접목적어인 사물이다.

- 朋友生日时我送他一本书。
  친구의 생일 때 나는 **그에게 한 권의 책을** 선물했다.

- 我问了老师一个问题。
  나는 **선생님에게 문제 하나를** 물어보았다.

- 他告诉我一件事情。
  그는 **나에게 한 가지 일을** 알려주었다.

- 妈妈<u>去</u>市场<u>买</u>菜。
  어머니는 시장에 **가서** 반찬을 **산다**.

- 我<u>听到</u>这个消息非常<u>震惊</u>。
  나는 그 소식을 **듣고** 대단히 **놀랐다**.

- 他从包里<u>拿出</u>一个信封<u>递给</u>我。
  그는 가방에서 편지 한 통을 **꺼내** 나에게 **주었다**.

- 他<u>有</u>能力<u>担负起</u>这个重任。
  그는 그 중임을 **감당할** 능력이 **있다**.

- 我一直<u>没有</u>时间<u>锻炼</u>身体。
  나는 줄곧 신체를 **단련할** 시간이 **없었다**.

- 我<u>有</u>一些事情<u>想请教</u>你一下。
  나는 당신께 **가르침을 받을** 일이 좀 **있습니다**.

- 公司<u>派</u>我<u>调查</u>一下这件事。
  회사는 **나를 파견해** 이 일을 **조사하게** 했다.

- 居民们都<u>抱怨</u>管理<u>人员</u>没有事先<u>通知</u>他们。
  주민들은 모두 **관리자가** 사전에 그들에게 **통지하지** 않은 것을 **원망했다**.

- 学校里一共<u>有</u>三百<u>人</u><u>参加</u>本次助农活动。
  학교에서는 총 **300명이** 이번 농촌활동에 **참여했다**.

- 考听力时<u>有很多题</u>我以前都<u>做过</u>。

  듣기시험에 나온 **많은 문제는** 내가 이전에 모두 **풀었던 문제였다.**

- 外面<u>有一些人</u>在等你呢。

  밖에서 **몇몇 사람들이** 당신을 **기다리고 있어.**

- 这儿附近<u>有许多建筑</u>都是最近新建的。

  이 부근에 있는 **많은 건축물은** 새로 지은 **것이다.**

5 존재, 출현, 소실을 나타내는 단문(현존구)

- <u>床上</u>乱七八糟地堆着许多<u>书</u>。

  침대 위에는 많은 **책이** 너저분하게 **쌓여 있다.**

- <u>他们的身后</u>跟着一群<u>小孩</u>。

  그들 뒤에는 한 무리의 **어린아이들이** 따라다니고 있다.

- <u>我们家附近</u>有一家综合性<u>医院</u>。

  우리 집 근처에 종합**병원이** 하나 **있다.**

- <u>远处</u>飞来一群<u>大雁</u>。

  먼 곳에서 한 떼의 **기러기들이** **날아오고 있다.**

6 把 구문

'주어 + 把/将 + 명사/명사구 + 동사 + 기타 성분' 순서로 된 구문을 말한다. 把 또는 将 뒤에 나오는 명사 또는 명사구를 강조하는 동시에 그 명사 또는 명사구를 처리하는 의미를 가진다. '~을'이라는 목적격으로 쓰인다.

- 弟弟把我的电脑用坏了。
  동생은 **나의 컴퓨터를** 고장 냈다.

- 请把自己的行李看好。
  자신의 짐을 잘 챙겨주십시오.

- 别把书包拿错了。
  책가방을 잘못 가져가지 마십시오.

- 这类组织正在逐步把自己变成一个能够真正响应社会需求的非营利组织。
  이런 유형의 조직은 점차 **자신을** 사회적 수요에 진정으로 응할 수 있는 비영리조직으로 변화시키고 있다.

---

7 被 구문

被 구문은 '주어 + 被/让/叫/为 + 명사 + 동사'의 형식을 취한다. 被 구문의 주어는 일을 당하는 주체이며, 被 뒤의 명사는 일을 불러일으키는 주체다. 회화에서는 被 대신 주로 让과 叫를 사용한다. 문어체에서는 '被 … 所' 또는 '为 … 所' 형식을 취하며, '~에게'라는 의미로 해석된다.

- 他被人打了。
  그는 **사람에게** 맞았다.

- 他的见解并不被(为)人们所接受。
  그의 견해는 결코 **사람들에게** 받아들여지지 않았다.

被 뒤의 명사가 특정한 사람이나 사물이 아니면 생략될 수도 있다.

- 他被抓住了。
  그는 **잡혔다**.

- 那本书被借走了, 你过几天再来吧。
  그 책은 **대출되었으니**, 당신은 며칠 뒤에 다시 오세요.

---

8 비교구문

1) 동등비교

'跟(和) … 一样(差不多, 不一样)'의 형식으로 표현한다. 일반적인 형식은 '비교 주체 A + 跟(和) + 비교 대상 B + 一样'이다.

- 他的想法和我的一样。
  그의 생각은 나**와 똑같다**.

- 这部电影跟原著的内容差不多。
  이 영화는 원작의 내용**과** 크게 **차이나지 않는다**.

- 中国南方的风俗和北方的有些不一样。
  중국 남방의 풍속은 북방**과** 약간 **다르다**.

- 我跟他一样喜欢下围棋。
  나는 그**와 마찬가지로** 바둑 두는 것을 좋아한다.

- 他踢足球踢得跟你一样好。
  그는 당신**과 마찬가지로** 공을 잘 찬다.

2) 차등비교

(1) 개사 比를 사용하는 경우

① '주어 + 比 + 비교 대상 + 비교 내용(술어) + 구체적인 차이'의 형식으로 표현한다.

- 他的个子比你高。
  그의 키는 너**보다** 크다.

- 他的个子比你高一点儿。
  그의 키는 너**보다 조금 더** 크다.

- 他的个子比你高得多。
  그의 키는 너**보다 훨씬** 크다.

② '주어 + 比 + 비교 대상 + 비교 내용(술어) + 得 + 구체적인 차이' 형식의 비교문은 '주어 + 비교 내용(술어) + 得 + 比 + 비교 대상 + 구체적인 차이' 형식으로 바꿀 수 있다.

- 我比他跑得快一点儿。(= 我跑得比他快一点儿。)
  나는 **그보다** 약간 더 빨리 **달린다.**

③ '比 + 비교 대상' 뒤에 '더욱'을 뜻하는 更, 还, 还要 등의 부사어를 넣을 수 있다.

- 这本词典收的单词比那本更多。
  이 사전에 수록된 단어는 그 사전**보다 더** 많다.

- 晚秋的天气有时候比夏季还要热。
  늦가을 날씨는 때로는 여름**보다 더** 덥다.

④ 比 비교문의 부정문은 不比를 사용하지 않고 没有 또는 不如를
  사용한다.

- 最近的房价比去年高。↔ 最近的房价没有去年高。
  최근 주택가격은 작년**보다** 높다. / 최근 주택가격은 작년**보다** 높지 **않다**.

⑤ 不比는 어떤 사실을 강조하거나 다른 사람의 견해를 반박할 때 주
  로 사용한다.

- 我不比你笨。
  나는 너**보다** 멍청하지 **않다**.
  (나는 적어도 너와 같거나 너보다 총명하다는 것을 강조)

- 我们这儿的工资不比你们低。
  우리 회사 임금은 당신 회사 임금**보다** 낮지 **않다**.
  (우리 회사 임금이 당신 회사 임금보다 낮지 않음을 강조)

(2) 有/没有, 不如를 사용하는 경우

① 긍정형식: 주어 + 有 + 비교 대상 + (这么/那么) + 비교의 결과

- 这种苹果有那种那么甜吗？
  이 품종의 사과는 그 품종**만큼** 다니?

- 你们那儿的房价有这儿贵吗？

  당신 동네 주택가격은 여기**만큼** 비싼가요?

- 他有你这么爱看小说吗？

  그는 당신**만큼** 소설을 자주 보나요?

② 부정형식: 주어 + 没有/不如 + 비교 대상 + (这么/那么) + 비교의
결과

- 以前的交通没有现在这么方便。

  이전의 교통은 지금**만큼** 편리하지 **않았다**.

- 你的计划不如他的那么详细。

  네 계획은 그의 계획**만큼** 상세하지 **않다**.

(3) 像을 사용하는 경우

'주어 + 像/不像 + 비교 대상 + 这么(这样)/那么(那样)/一样 + 비교
의 결과'의 형식으로 표현한다.

- 你像他那么刻苦吗？

  너는 그**만큼** 노력했니?

- 这些书像那些书一样受到读者的欢迎。

  이 책들은 그 책들**처럼** 독자의 환영을 받았다.

- 他不像他爸爸那么健康。

  그는 그의 아빠**만큼** 건강하지 **못하다**.

1) '是 … 的'를 이용한 강조문

이미 일어난 일과 관련된 시간, 장소, 방식, 동작 행위자 등을 강조한다.

- 兵马俑遗址是1970年代一个农民在挖井时发现的。
  병마용 유적은 1970년대 한 농민이 우물을 파다가 발견한 **것이다**.

- 这是我在日本买的。
  이것은 내가 일본에서 산 **것이다**.

2) 의문사를 이용한 강조문

일반적인 형식은 '谁/哪儿/哪/怎么/什么 + 都/也'다.

- 谁都不知道他为什么突然不高兴。
  그가 왜 갑자기 언짢아하는지 **아무도** 모른다.

- 反正今天他哪儿也不想去。
  아무튼 오늘 그는 **아무데도** 가려 하지 않는다.

- 我什么都不想做。
  나는 **아무것도** 하고 싶지 않다.

3) 반어문을 이용한 강조문

일반적인 형식은 不是 … 吗?, 怎么不/没(有) … 呢?, 哪儿 … 啊 등
이다.

- 你不是在北京工作过吗? 怎么不知道北海公园呢?
  당신은 베이징에서 일한 적 **있지 않나요**? **어떻게** 베이하이 공원을 **모르죠**?

- 我<u>哪儿</u>去过北京<u>啊</u>,我去的是成都!
  내가 **어디** 베이징을 가봤어요, 내가 간 곳은 청두예요!

4) 没有 ⋯ 不 ⋯(~하지 않은 ~은 없다)를 이용한 강조문

- 在中国<u>没有</u>人<u>不</u>知道故宫。
  중국에서 고궁을 알지 **못하는** 사람은 **아무도 없다**.

5) 非 ⋯ 不可(~하지 않으면 안 된다)를 이용한 강조문

- 中国实行了几十年的计划生育政策，如今<u>非</u>改革<u>不可</u>了。
  중국은 몇 십 년 동안 가족계획정책을 실행했다. 이제 개혁**하지 않으면 안 된다**.

6) 连 ⋯ 都/也 ⋯(~조차도 ~하다)를 이용한 강조문

- 现在许多年轻人<u>连</u>汉字<u>也</u>不会写了。
  지금 많은 젊은이들은 한자**조차도** 쓰지 못한다.

Ⅱ. 복문

복문은 두 개 이상의 문장이 한 문장으로 구성된 것이다. 복문의 각 분구 (分句)는 각자 독립되어 있지만, 분구 사이의 의미는 서로 연결되어 있다. 분구와 분구 사이에는 주로 연결사(连词)가 있다. 복문은 다음과 같은 몇 가지 유형으로 나뉜다.

1 병렬관계

앞의 구문과 뒤의 구문이 각각 연관된 몇 가지 상황 또는 동일한 현상의 몇 가지 면을 서술한다.

| 也 | 또한

- 你可以来办公室工作，也可以在家办公。
  너는 사무실에 와서 일을 해도 되고, **또한** 집에서 일을 해도 된다.

| 又 | 또

- 钓鱼能锻炼身体，又能吃新鲜的鱼。
  낚시는 몸을 단련할 수 있고, **또** 신선한 생선을 먹을 수도 있다.

| 还 | 그리고

- 昨天我们一起学习讨论，还一起吃了饭。
  어제 우리는 같이 학습하며 토론했고, **그리고** 같이 밥도 먹었다.

| 同时 | 동시에

- 他的讲话具有双重目的，既让听众感到他是非常严肃地看
  待这一事件的，同时又敦促公众克制。
  그의 연설은 두 가지 목적을 갖고 있다. 청중에게 그가 이번 사건을 대단
  히 진지하게 대하고 있다는 것을 느끼게 하고, **동시에** 대중에게 자제하도
  록 촉구하기 위한 것이다.

| 而 | 그런데

- 人们不应该相信迷信，而应该相信客观事实。
  사람들은 미신을 믿지 말아야 한다. **그런데** 객관적인 사실은 믿어야 한다.

| 又 … 又 … | ~이자 ~이다

- 社会共同体内部的成员，又相互依赖，又相互对抗。
  사회 공동체 내부의 성원들은 상호 의존**하면서도** 상호 대항**한다**.

| 有时 … 有时 … | 때로는 (~하고) 때로는 (~한다)

- 晚上我有时去补习班学习，有时和朋友喝酒聊天。
  저녁에 나는 **때로는** 학원에 공부하러 가고, **때로는** 친구와 술을 마시며
  이야기를 한다.

| 一方面 … (另)一方面 … | 한편으로는~ 다른 한편으로는~

- 我们一方面要植树造林，(另)一方面要保护好现有的森林
  资源。
  우리는 **한편으로는** 나무를 심어 숲을 이루길 원하고, **다른 한편으로는** 현
  존하는 산림 자원을 보호하길 원한다.

| 一会儿 … 一会儿 … | 때로는 (~하고) 때로는 (~한다)

- 这里的天气一会儿是晴天白云，一会儿是倾盆大雨，变化

无常。

이곳의 날씨는 **때로는** 맑았다가, **때로는** 큰비가 내렸다가, 변화무쌍하다.

|一边 … 一边 …| ~하면서 ~한다

- 他一边工作, 一边自学, 掌握了中医的基础知识。
  그는 일을 **하면서** 스스로 공부도 **해서** 중의학의 기초 지식을 숙달했다.

|不是 … 而是 …| ~이 아니라 ~이다

- 从海外引进人才, 不是不重视国内的人才, 而是为了准备
  对外开放的。
  해외에서 인재를 유치하는 것은 국내의 인재를 중시하지 않아서**가 아니
  라** 대외 개방을 준비하기 위한 **것이다**.

2 순응관계

분구가 시간, 공간, 논리적인 순서에 따라 연속적인 동작 또는 연관된 상황
을 표현한다.

|就| 곧

- 我回到家, 就马上给他打了电话。
  나는 집에 도착**하자마자** 바로 그에게 전화를 했다.

|便| 하자마자

- 我看了他一眼, 便知道事情是怎么回事了。
  나는 그를 한번 **보자마자** 일이 어떻게 된 것인지를 알 수 있었다.

| 才 | 비로소

- 我在屋子里翻了半天，才找到了一些零钱。
  나는 방 안을 반나절 뒤져서야 **비로소** 약간의 잔돈을 찾았다.

| 于是 | 그래서

- 我感觉肚子有点儿饿，于是在小摊儿上买了两个烤红薯。
  나는 배가 조금 **고파서** 노점에서 군고구마 두 개를 샀다.

| 然后 | ~한 뒤

- 你先打电话咨询一下，然后再去。
  당신은 먼저 전화로 자문을 구**한 뒤** 찾아가라.

| 后来 | 이후에

- 他在中国学习了两年，后来去美国读博士了。
  그는 중국에서 2년을 공부한 **이후에** 미국에 가서 박사를 공부했다.

| 接着 | 연이어, 다음에

- 鲸鱼把虾和海水一起吞入口中，接着闭嘴滤出海水，把小虾吞进腹中。
  고래는 새우와 바닷물을 함께 삼킨 **다음에** 입을 다문 채 바닷물을 여과하고 작은 새우를 배 속으로 넣는다.

분구가 두 종류 또는 그 이상의 상황을 나타내면서 그중 한 가지를 선택 또는 포기하도록 한다.

| 还是 | 아니면

* 你要我帮助你，<u>还是</u>要自己做？
  너는 내가 너를 도와주길 바라니, **아니면** 스스로 하길 원하니?

| 或者/或是/或者是 | ~ 또는 ~이다

* 我们<u>或者</u>去这家咖啡馆，<u>或者</u>去街对面那家。
  우리는 이 커피숍에 **가거나** 아니면 길 건너편의 저 커피숍에 **가자**.

| 不是 … 就是 | ~이거나 아니면 ~이다

* 现在的孩子放学后<u>不是</u>在家做作业，<u>就是</u>去补习班学习。
  오늘날의 아이들은 방과 후 집에서 숙제를 **하거나 아니면** 학원에 가서 공부한다.

| 与其 … 不如/毋宁 … | ~보다는 차라리 ~하는 게 낫다

* <u>与其</u>说是韩国的问题，<u>毋宁</u>说是亚洲的问题。
  한국의 문제라고 말하기**보다는** 아시아의 문제라고 말하는 **편이 낫다**.

| 宁可 … 也不 … | 차라리 ~일지언정 ~하지 않겠다

* 周末我<u>宁可</u>在家呆着，<u>也不</u>去外边逛，到处都是人。
  주말에 나는 집에 있을**지언정** 밖에 나가 돌아다니지 **않을 거야**. 도처에 사람이야.

앞의 분구보다 더욱 심화된 표현이 뒤의 분구에 나온다.

│ 而且 │ 게다가

- 我觉得他很能干, <u>而且</u>有丰富的经验。
  나는 그가 아주 일을 잘한다고 느껴. **게다가** 그는 풍부한 경험을 갖고 있어.

│ 并且 │ 게다가

- 这篇论文描述了中国面临的环境问题, <u>并且</u>提出了一些有效的解决方案。
  이 논문은 중국이 직면한 환경문제를 묘사하고 있으며, **게다가** 일부 유효한 해결 방안을 제기하고 있다.

│ 况且 │ 하물며

- 北京地区那么大, <u>况且</u>你不知道他的地址, 怎么找他?
  베이징 지역은 그렇게 넓고, **하물며** 너는 그의 주소도 모르는데, 어떻게 그를 찾니?

│ 甚至 │ 심지어

- 这里的温泉特别热, 有的<u>甚至</u>能煮熟鸡蛋和土豆。
  이곳의 온천은 유난히 뜨거워서, 어떨 때는 **심지어** 계란과 감자를 익힐 수도 있다.

│ 不仅 … 还 … │ ~일 뿐만 아니라 게다가 ~이다

- 这种鱼<u>不仅</u>味道鲜美, <u>还</u>可以预防多种疾病。
  이런 종류의 생선은 맛이 좋을 **뿐만 아니라 게다가** 많은 질병을 예방할 수 있다.

| 不但 … 反而 … | ~일 뿐만 아니라 오히려 ~이다

* 他不但没有兴奋情绪，反而更谨慎，更陷入沉思。
  그는 흥분하지 않았을 **뿐만 아니라 오히려** 더 진지하고 더 깊은 생각에 빠져들었다.

| 尚且 … 何况/更不用说 … | ~인데 하물며 ~는 말할 것도 없다

* 中小企业现在生存尚且成问题，更不用说效益了。
  중소기업은 지금 생존조차 문제**인데 하물며** 이익은 **말할 것도 없다.**

| 别说 … 连/就是 … | ~는 말할 것도 없고 ~조차도

* 我小时候别说看电视，连灯也得省着点。
  내가 어렸을 때는 TV 보는 건 **말할 것도 없고** 전등**조차** 아껴 써야 했다.

5 전환관계

앞 분구의 뜻과 뒤 분구의 뜻이 상반되거나 상대적이다.

| 虽然/尽管 … 但是/可是/却/而 … | 비록 ~지만 ~이다

* 虽然中国发展速度极快，但是在一些偏远地区人们仍然食不果腹。
  비록 중국 발전의 속도는 매우 빠르**지만** 일부 외진 지역의 사람들은 여전히 배불리 먹지 못한다.

* 尽管我们有自己的取向，但是我们的观点涵盖几乎所有各种不同的政治立场。
  비록 우리는 우리 자신의 취향이 있**지만** 우리의 관점은 거의 모든 서로 다른 정치 입장을 포용한다.

┃ 但是 ┃ 그렇지만

- 他肯定要跟你说什么，<u>但是</u>你千万别相信。
  그가 분명 너에게 무슨 말을 할 것이다. **그렇지만** 너는 절대 믿지 마라.

┃ 然而 ┃ 그러나

- 人们觉得冰雪覆盖的南极可能常年下雪，<u>然而</u>南极的降雪量极少。
  사람들은 눈과 얼음으로 뒤덮인 남극은 일 년 내내 눈이 내릴 것이라고 생각한다. **그러나** 남극의 강설량은 대단히 적다.

┃ 可是 ┃ 그러나

- 据预测国内的经济将会有增长，<u>可是</u>涨幅比往年小。
  예측에 따르면 국내 경제는 성장하**지만** 성장 폭은 예년보다 작을 것이라고 한다.

┃ 可 ┃ 그러나

- 教师的热情高，<u>可</u>学生没有积极性，互动不起来。
  교사의 열정은 높**지만** 학생의 적극성이 낮아 상호작용할 수가 없다.

┃ 却 ┃ 오히려

- 别人都想去中国赚大钱，他<u>却</u>不以为然。
  다른 사람들은 중국에 가면 큰돈을 벌 것이라고 생각**하지만**, 그는 그렇게 생각하지 않는다.

┃ 只是 ┃ 다만

- 这儿一年四季气候都很宜人，<u>只是</u>冬天似乎比较长。
  이곳의 1년 사계절 기후는 아주 마음에 든다. **다만** 겨울이 비교적 긴 것 같다.

| 不过 | 그런데

- 这些东西以前都学过，**不过**很多都忘记了。
  이것들은 전에 모두 배웠던 것이다. **그런데** 많이 잊어버렸다.

| 倒 | 오히려

- 别人都在加班加点卖力，他**倒**在这儿睡大觉。
  다른 사람은 모두 연장근무하면서 열심히 일하는데, 그는 **오히려** 여기서 푹 잠자고 있다.

---

6 조건관계

조건을 제시하면서 그 조건을 만족하는 한에서 결과가 있음을 나타낸다.

| 只要 … 就/都/便/总 … | ~하면 ~이다

- **只要**每天多看多听多写，你**就**能很快掌握一种语言。
  매일 많이 보고 듣고 쓰기**만 한다면**, 너는 하나의 언어를 장악할 수 있다.

- 现在的社会**只要有**"才"，**便**会生"财"。
  현 사회에서는 '재능'**만 있으면** '재물'을 만들 수 있다.

- **只要**机场上空天气**不**十分恶劣，飞机**都**能正常起飞着陆。
  공항 상공의 날씨가 대단히 나쁘**지만 않으면**, 비행기는 모두 정상적으로 이착륙할 수 있다.

| 只有/唯有/除非 … 才/否则 … | ~해야만 비로소 ~한다

- **只有**"陌生"引起的"好奇"，**才**能让开放的心灵去直接感受来自生活本身的声音。
  '낯선 것'이 야기하는 '호기심'**이 있어야만 비로소** 열린 마음으로 생활 자

체에서 비롯되는 목소리를 직접 느낄 수 있다.

- 只有坚持不懈地努力，你才能取得丰硕的成果。
  포기하지 않고 끝까지 노력**해야만** 넌 **비로소** 많은 성과를 얻을 수 있다.

- 亚洲各国唯有加强合作，才能共享机遇。
  아시아 각국은 오직 협력을 강화**해야만 비로소** 기회를 함께 누릴 수 있다.

- 除非亲身体验，否则你不可能真正理解。
  몸으로 직접 체험을 하지 **않으면** 너는 진정으로 이해할 수 없다.

| 无论/不论/不管 … 都/总是/总 … | ~을 불문하고 모두 ~이다

- 中老年那一代人，无论他们目前的社会处境与地位如何，往往都用原有的社会价值标准衡量、评价这一新的社会秩序。
  중노년 세대는 현재 자신들의 사회적 처지와 지위가 어떠한지를 **불문하고**, 종종 종래의 사회적 가치 표준으로 이 새로운 사회적 질서를 가늠하고 평가한다.

- 不管它正确与否，他们都把它看成既定事实。
  그것이 정확한지 여부에 **관계없이** 그들은 그것을 기정사실로 본다.

- 不论以什么为研究对象，总是要先检索已有的文献资料和前人的研究成果。
  무엇을 연구 대상으로 삼는지에 **관계없이 항상** 기존 문헌자료와 앞선 사람의 연구 성과를 우선 찾아야 한다.

| 任凭 | ~을 막론하고, ~일지라도

- 任凭岁月流逝，我们都永远铭记和爱戴这位伟人。
  세월이 **유수처럼 흘러가도** 우리는 영원히 이 위인을 깊이 새기고 추대할 것이다.

⎪任 … 也 … ⎪ ~하여도

- 多辆车都疾驰而过，任你怎么招手呼喊也无济于事。
  많은 차가 모두 쏜살같이 지나가버려서 네가 아무리 손짓을 하고 **고함을 치더라도** 아무 도움이 되지 않는다.

7 **가설관계**

가설을 제기하고 결과를 설명한다.

⎪就⎪ 그러니, 그러므로

- 天气阴沉沉的，好像要下雨，你就别去了。
  하늘이 어두컴컴해서 마치 비가 올 것 같다. **그러니** 너는 가지 마라.

⎪那⎪ 그러면

- 要是那时多关心一下他，那就不至于发展到这个地步了。
  만약 그때 그에게 좀 더 관심을 가졌더라면, **그러면** 이 지경까지 이르지는 않았을 것이다.

⎪如果/假如/倘若/要是/要 … 就/那么/便 … ⎪ 만약 ~라면 ~이다

- 这些劣质食品倘若进入普通家庭，便会对老百姓的健康产生不良影响。
  이런 불량식품이 **만약** 일반 가정에 들어갔더라면, **그러면** 국민들의 건강에 안 좋은 영향을 미쳤을 것이다.

- 假如两个国家不能保持冷静发生冲突的话，就可能造成大规模战争。
  만약 두 국가가 냉정을 유지하지 않아 충돌이 발생한다면, **그러면** 대규모

의 전쟁이 초래될 것이다.

│ 即使/就是/就算/纵然/哪怕 … 也/还 │ 설령 ~일지라도 ~이다

* 父母就是不吃不喝，也要给孩子治病。
  부모가 **설령** 먹지도 마시지도 않**더라도** 아이의 병은 치료할 것이다.

* 就算这个工程挣不到钱，也必须按照合同进行下去。
  설령 이 사업으로 돈을 벌지 못하**더라도** 반드시 계약에 따라 계속 진행해 나가야 한다.

* 这个时候纵然浑身是口，我也难以辩解，无法自白。
  그때 **설령** 온몸이 입이었**더라도** 나 역시 변명하기 어려웠고 결백할 수 없었다.

* 哪怕是一点点小的克制，也会让人变得坚强一点。
  약간의 자제만 하**더라도** 사람들을 강인하게 변화시킬 것이다.

* 到本世纪末，国民生产总值即使翻两番，人均收入也不过八百美元。
  금세기 말, 설사 GDP가 네 배로 증가하**더라도** 1인당 평균 소득은 800달러밖에 안 된다.

* 即使政府禁止抗议活动，我们还是要继续示威，直到得到一个满意的答复。
  설사 정부가 항의 활동을 금지하**더라도** 만족할 만한 답변을 얻을 때까지 우리는 **여전히** 계속 시위할 것이다.

│ 再 … 也 … │ 설사 ~일지라도 ~이다

* 别的国家再富裕再舒服，也没有自己的故乡亲切。
  다른 나라가 **아무리** 부유하고 편**해도** 자신의 고향만큼 친근하지 못하다.

원인과 그 결과를 설명한다.

| 由于 | ~때문에

* <u>由于</u>我的资历很少，他们往往把我拒之门外。

  나의 경력이 매우 적기 **때문에** 그들은 종종 나를 거절한다.

| 所以 | 그래서

* 政府在改革初期首先给了沿海地区优惠政策，<u>所以</u>那些地区很快就发展起来了。

  정부는 개혁 초기에 먼저 연해지역에 우대정책을 폈다. **그래서** 그 지역은 매우 빠르게 발전하기 시작했다.

| 因此 | 따라서, 이로 인해

* 我们总是恪守信用，按时交货，<u>因此</u>回头客越来越多。

  우리는 항상 신용을 지키고 제때에 물건을 납품한다. **이로 인해** 단골손님이 갈수록 많아진다.

| 因而 | 그러므로

* 人会产生许多异常的心理现象，<u>因而</u>会出现各种各样的幻觉和梦幻。

  사람에게는 심상치 않은 심리현상이 많이 발생한다. **그러므로** 각종 환각과 몽환이 나타날 수 있다.

| 以致 | 초래하다

* 他事先没有做调查研究，<u>以致</u>作出了错误的结论。

  그는 사전에 조사연구를 하지 않아서 잘못된 결론을 내리기에 **이르렀다**.

| 以至于 | 그래서 ~하다

- 在传统中国文化中，没有儿子是让人无法接受的，<u>以至于</u>人们找到了一种变之道来解决这个问题。

  전통적인 중국 문화에서 아들이 없다는 것은 받아들일 수 없는 일이다. **그래서** 사람들은 변통으로 이 문제를 해결한다.

| 既然 | 이미, ~한 바에야

- <u>既然</u>你决心已定，那我就不说什么了。

  이미 네가 결심을 내린 **바에야** 나는 어떠한 말도 하지 않겠다.

| 可见 | ~로부터 알 수 있다

- 据调查，青少年的理想职业是公务员和教师，<u>可见</u>他们都希望比较稳定的生活。

  조사에 따르면 청소년의 이상적인 직업은 공무원과 교사다. **이로부터** 그들이 모두 비교적 안정된 생활을 희망한다는 것을 **알 수 있다**.

| 因为/由于 … 所以/因此 | ~이기 때문에 그래서 ~이다

- <u>因为</u>天黑了，<u>所以</u>我没出去。

  날이 어두워졌기 **때문에** 나는 외출하지 않는다.

9 목적관계

어떤 행위와 그 행위의 목적을 설명한다.

| 以便 | ~하기 위해

- 留下你的电话号码，<u>以便</u>有什么事情通知你。

  너의 전화번호를 남겨줘. 무슨 일이 있을 때 너에게 알려주기 **위해서야**.

| 旨在 | 취지는 ~에 있다

* 中国政府进行国有企业改革，<u>旨在</u>提高它的效率。
  중국 정부가 국유기업 개혁을 진행한 **취지는** 국유기업의 효율성을 제고하는 **데 있다.**

| 以 | ~하도록

* 政府下拨了专项经费，<u>以</u>提高乡村的入学率。
  정부가 특별 경비를 할당한 것은 농촌의 입학률을 높이기 **위해서였다.**

| 用以 | ~에 사용한다

* 塔是寺庙的建筑物，<u>用以</u>收藏舍利和经卷。
  탑은 사찰의 건축물인데, 사리와 경전을 보관하는 **데 사용한다.**

| 为的是 | ~을 위한 것이다

* 他去香港，<u>为的是</u>学广东话。
  그가 홍콩에 가는 것은 광동 말을 배우기 **위해서야.**

| 是为了 | ~을 위한 것이다

* 我们现在做一些市场调查，<u>是为了</u>设计一种新产品。
  우리가 지금 시장조사를 하는 것은 신제품 설계를 **위해서다.**

| 以免 | ~하지 않도록

* 上岗前必须认真学习和牢记操作程序，<u>以免</u>发生事故。
  근무하기 전에 반드시 꼼꼼하게 배우고 조작 과정을 확실하게 기억해서 사고가 발생**하지 않도록** 해야 한다.

| 免得 | ~하지 않도록

- 我们早点儿出发吧，免得赶不上头班车，又要迟到。
  우리 좀 일찍 출발하자. 첫 통근차를 놓쳐 또 지각**하지 않도록** 말이야.

| 省得 | ~하지 않도록

- 今天过年还是不说那些不愉快的事为好，省得扫了大家的
  兴。
  올해 설은 유쾌하지 않은 일은 말하지 말자. 모두의 흥을 깨**지 않도록** 말
  이야.

| 以防 | 방지하기 위해

- 警察采取了严密的保安措施，以防发生恐怖事件。
  경찰은 엄격한 보안대책을 취했다. 테러 사건 발생을 **방지하기 위해서다.**

10 긴축복문

두세 개의 분구로 구성되어 있으면서 중간에 쉼표도 없는 복문도 있는데,
이런 문장을 긴축복문이라고 한다. 다음은 흔히 볼 수 있는 긴축복문이다.

- 他不见成果决不轻易放弃。
  그는 성과를 보지 **않으면** 절대 쉽게 포기하지 **않는다.**

- 我不看也知道是怎么回事情。
  나는 보지 **않아도** 어떻게 돌아가는 일인지 알 수 있다.

- 没有用的东西再便宜也不要买。
  필요 없는 물건은 **아무리** 싸**도** 사고 싶지 않다.

- 演员一出现大家就都跑了过去。

  배우가 나타나**자마자** 모두가 **곧바로** 달려갔다.

- 他一看书就是好几个小时。

  그는 책을 보기**만 하면** 몇 시간씩**이나** 본다.

- 我下了车才发现钱包不见了。

  나는 차에서 내린 **후에야 비로소** 지갑이 없어진 걸 알아차렸다.

- 我们给他说了一大堆好话他都不听。

  우리가 좋은 말을 숱하게 해도 그는 **전부** 듣지 않는다.

- 你不相信就算了吧。

  네가 믿지 **않으면** 그만두자.

주의할 것은 의문사를 반복해서 '~하면 ~하라'는 의미를 나타내는 긴축문장이다. 예를 들면 다음과 같은 문장을 들 수 있다.

- 谁愿意去谁去。

  누군가가 원하면 **그 누군가가** 가라(원하는 사람이 가라).

- 哪儿能挣到钱他们就去哪儿。

  어디에서 돈을 벌 수 있다면 그들은 **그 어디로** 간다(돈을 벌 수 있는 곳이라면 그들은 그곳으로 간다).

- 你什么时候方便我什么时候去。

  네가 **어느 때**가 편하다면 나는 **그 어느 때**에 갈게(네가 편한 시간에 내가 갈게).

- 妈妈做什么我们吃什么。

  어머니가 **어떤 것**을 만들면 우리는 **그 어떤 것**을 먹는다(우리는 어머니가

만든 것을 먹는다).

- 我想怎么办就怎么办。
  내가 **어떻게 할 것인지** 생각했다면 **그 어떻게 할 것인지대로 한다**(나는
  내가 생각한 방식대로 한다).

- 哪个便宜我就买哪个。
  어느 것이 싸면 나는 **그 어느 것**을 산다(나는 싼 것을 산다).

I. 단문

1. '주어+'주어+술어' 단문
以前 yǐqián 몡 이전
过 guo 조 동사/형용사 뒤에 위치해 어떤
　경험이 있음을 나타냄
人品 rénpǐn 몡 인품
不错 búcuò 혱 좋다
要 yào 조동 ~해야 한다
记住 jìzhù 동 기억하다

2. 두 개의 목적어를 가진 단문
生日 shēngrì 몡 생일
送 sòng 동 (선물을) 보내다
告诉 gàosù 동 알려주다, 일러주다
事情 shìqing 몡 일

3. 두 개 이상의 술어로 구성된 단문
市场 shìchǎng 몡 시장
菜 cài 몡 야채, 음식 재료
消息 xiāoxi 몡 소식
震惊 zhènjīng 혱 대단히 놀랍다
包 bāo 몡 가방
拿出 náchū 동 꺼내다
信封 xìnfēng 몡 편지 봉투
递 dì 동 건네주다
能力 nénglì 몡 능력
担负 dānfù 동 감당하다
重任 zhòngrèn 몡 중임
锻炼 duànliàn 동 단련하다
一些 yìxiē 양 약간의, 조금의
请教 qǐngjiào 동 가르침을 청하다

4. 앞 동사의 목적어가 뒤 문구의 주어가 되는 단문
公司 gōngsī 몡 회사
派 pài 동 파견하다
居民们 jūmínmen 몡 주민들
抱怨 bàoyuàn 동 원망하다
管理 guǎnlǐ 몡 관리
人员 rényuán 몡 인원
事先 shìxiān 몡 사전
通知 tōngzhī 동 통보하다
一共 yígòng 뷔 총, 모두
助农活动 zhùnónghuódòng 몡 농촌활동
听力 tīnglì 몡 듣기능력
题 tí 몡 문제
等 děng 동 기다리다
呢 ne 조 ~하고 있음을 나타냄
附近 fùjìn 몡 부근, 근처
许多 xǔduō 혱 많다
建筑 jiànzhù 몡 건축

5. 현존구
床 chuáng 몡 침대
乱七八糟 luànqībāzāo 성어 엉망진창이
　다, 뒤죽박죽이다
堆 duī 양 무더기
身后 shēnhòu 몡 몸 뒤
跟 gēn 동 따르다
群 qún 양 무리, 떼의 양사
小孩 xiǎohái 몡 아이
综合性 zōnghéxìng 몡 종합성
远处 yuǎnchù 몡 먼 곳
大雁 dàyàn 몡 기러기

6. 把 구문

电脑 diànnǎo 명 컴퓨터
行李 xíngli 명 짐
看 kān 동 시키다, 돌보다
书包 shūbāo 명 책가방
错 cuò 형 틀리다
类 lèi 명 종류
组织 zǔzhī 명 조직
逐步 zhúbù 부 점차
变成 biànchéng 동 ~로 변하다
真正 zhēnzhèng 부 진정으로
响应 xiǎngyìng 동 호응하다
需求 xūqiú 명 소요
非营利 fēiyínglì 형 비영리적인

7. 被 구문

打 dǎ 동 때리다
见解 jiànjiě 명 견해
接受 jiēshòu 동 받아들이다
抓住 zhuāzhù 동 잡다

8. 비교구문

想法 xiǎngfǎ 명 생각
原著 yuánzhù 명 원작
内容 nèiróng 명 내용
差不多 chàbuduō 형 비슷하다
南方 nánfāng 명 남방, 남쪽
风俗 fēngsú 명 풍습
有些 yǒuxiē 부 조금
下 xià 동 (장기, 바둑을) 두다
围棋 wéiqí 명 바둑
踢 tī 동 (발로) 차다
足球 zúqiú 명 축구

个子 gèzi 명 키
一点儿 yìdiǎnr 명 조금, 약간
词典 cídiǎn 명 사전
收 shōu 동 수록하다
单词 dāncí 명 단어
更 gèng 부 더욱
晚秋 wǎnqiū 명 늦가을
夏季 xiàjì 명 여름
房价 fángjià 명 집값
笨 bèn 형 어리석다, 멍청하다
工资 gōngzī 명 월급
低 dī 형 낮다
苹果 píngguǒ 명 사과
甜 tián 형 달다
交通 jiāotōng 명 교통
方便 fāngbiàn 형 편리하다
计划 jìhuà 명 계획
详细 xiángxì 형 자세하다
刻苦 kèkǔ 형 노력하다
受到 shòudào 동 받다
读者 dúzhě 명 독자
欢迎 huānyíng 명 환영
健康 jiànkāng 형 건강하다

9. 강조문

兵马俑 Bīngmǎyǒng 명 진시황의 병마용
遗址 yízhǐ 명 유적지
农民 nóngmín 명 농민
挖 wā 동 파다
井 jǐng 명 우물
发现 fāxiàn 동 발견하다
日本 Rìběn 명 일본
反正 fǎnzhèng 부 어쨌든, 아무튼

北海公园 BěihǎiGōngyuán 图 베이하이 공원

成都 Chéngdū 图 (도시 이름) 청두

故宫 Gùgōng 图 고궁

实行 shíxíng 图 실행하다

计划生育政策 Jìhuàshēngyùzhèngcè 图 가족계획정책

如今 rújī 图 지금, 이제

非…不可 fēi…bùkě ~하지 않으면 안 된다

年轻人 niánqīngrén 图 젊은 사람

连 lián 別 ~조차

汉字 Hànzì 图 한자

II. 복문

1. 병렬관계

也 yě 別 또한

办公室 bàngōngshì 图 사무실

办公 bàngōng 图 업무를 처리하다

又 yòu 別 또

钓鱼 diàoyú 图 낚시하다

新鲜 xīnxiān 图 신선하다

鱼 yú 图 물고기, 생선

还 hái 別 그리고, 또한

讨论 tǎolùn 图 토론하다

同时 tóngshí 연결 동시에

讲话 jiǎnghuà 图 연설

具有 jùyǒu 图 갖다

双重 shuāngchóng 图 이중의

目的 mùdì 图 목적

既 jì 연결 ~뿐만 아니라

听众 tīngzhòng 图 청중

感到 gǎndào 图 느끼게 되다

严肃 yánsù 图 엄숙하다

看待 kàndài 图 간주하다

事件 shìjiàn 图 사건

敦促 dūncù 图 독촉하다, 촉진하다

公众 gōngzhòng 图 대중

克制 kèzhì 图 자제하다

而 ér 연결 그런데

相信 xiāngxìn 图 믿다

迷信 míxìn 图 미신

客观 kèguān 图 객관적이다

事实 shìshí 图 사실

共同体 gòngtóngtǐ 图 공동체

内部 nèibù 图 내용

成员 chéngyuán 图 성원, 구성원

相互 xiānghù 別 서로

依赖 yīlài 图 의존하다

对抗 duìkàng 图 대항하다

补习班 bǔxíbān 图 학원, 보충학습원

聊天 liáotiān 图 이야기하다, 잡담하다

一方面…, 另一方面… yìfāngmiàn…, lìngyìfāngmiàn… 한편으로는~ 다른 한편으로는~

植树 zhíshù 图 나무를 심다

造林 zàolín 图 숲을 이루다

保护 bǎohù 图 보호하다

现有 xiànyǒu 图 기존의, 현존의

森林 sēnlín 图 산림

资源 zīyuán 图 자원

一会儿…一会儿… yíhuìr…yíhuìr… 때로는~ 때로는~

晴天 qíngtiān 图 맑은 날

白云 báiyún 图 흰 구름

倾盆大雨 qīngpéndàyǔ 성어 장대 같은 비

变化无常 biànhuàwúcháng 성어 변화무
　　쌍하다

一边…一边… yìbiān…yìbiān… ~하면
　　서 ~하다

自学 zìxué 동 스스로 공부하다

掌握 zhǎngwò 동 파악하다

中医 Zhōngyī 명 중의학

基础 jīchǔ 명 기초

知识 zhīshí 명 지식

不是…而是… búshì…érshì… ~이 아니
　　라 ~이다

海外 hǎiwài 명 해외

引进 yǐnjìn 동 도입하다, 끌어들이다

人才 réncái 명 인재

国内 guónèi 명 국내

2. 순응관계

马上 mǎshàng 부 즉시, 곧

便 biàn 연결 그러면

怎么回事 zěnmehuíshì 어떻게 된 일

才 cái 부 비로소, 겨우

屋子 wūzi 명 방

半天 bàntiān 명 반나절

零钱 língqián 명 잔돈

于是 yúshì 연결 그래서

感觉 gǎnjué 동 느끼다

烤红薯 kǎohóngshǔ 명 군고구마

然后 ránhòu 연결 그 후에

咨询 zīxún 동 자문하다

后来 hòulái 연결 이후에

美国 Měiguó 명 미국

博士 bóshì 명 박사

接着 jiēzhe 연결 연이어

鲸鱼 jīngyú 명 고래

虾 xiā 명 새우

吞入 tūnrù 동 삼키다

闭 bì 동 닫다

嘴 zuǐ 명 입

滤 lǜ 동 여과하다

吞进 tūnjìn 동 삼키다

腹中 fùzhōng 명 배 속

3. 선택관계

还是 háishì 연결 아니면

帮助 bāngzhù 동 도와주다

或者 huòzhě 연결 혹은

咖啡馆 kāfēiguǎn 명 커피숍

街 jiē 명 거리, 도로

对面 duìmiàn 명 맞은 편

不是… 就是… búshì… jiùshì… ~이거나
　　아니면 ~이다

放学 fàngxué 동 학교가 파하다

作业 zuòyè 명 숙제

与其…不如/毋宁… yǔqí…bùrú/wùníng
　　…~보다는 차라리 ~하는 게 낫다

亚洲 Yàzhōu 명 아시아

宁可…也不… nìngkě…yěbù… 차라리
　　~일지언정 ~하지 않겠다

呆 dāi 동 머물다

逛 guàng 동 돌아다니다

到处 dàochù 명 도처, 곳곳

4. 심화관계

而且 érqiě 연결 게다가

能干 nénggàn 형 유능하다

丰富 fēngfù 휑 풍부하다

并且 bìngqiě 연결 게다가

论文 lùnwén 휑 논문

描述 miáoshù 동 묘사하다

面临 miànlín 동 직면하다

环境 huánjìng 휑 환경

有效 yǒuxiào 휑 유효하다

方案 fāng'àn 휑 방안

况且 kuàngqiě 연결 하물며

地区 dìqū 휑 지역

地址 dìzhǐ 휑 주소

甚至 shènzhì 연결 심지어

温泉 wēnquán 휑 온천

煮 zhǔ 동 삶다

熟 shú 휑 익다, 여물다

鸡蛋 jīdàn 휑 달걀

土豆 tǔdòu 휑 감자

不仅…还… bùjǐn…hái… ~일 뿐만 아니라 게다가 ~이다

鲜美 xiānměi 휑 싱싱하고 맛있다

预防 yùfáng 동 예방하다

疾病 jíbìng 휑 질병

不但…反而… búdàn…fǎnér… ~일 뿐만 아니라 오히려 ~이다

兴奋 xìngfèn 휑 흥분하다

情绪 qíngxù 휑 기분

谨慎 jǐnshèn 휑 신중하다

陷入 xiànrù 동 ~에 빠져들다

沉思 chénsī 휑 깊은 생각

尚且…何况… shàngqiě…hékuàng… ~인데 하물며 ~이다

企业 qǐyè 휑 기업

生存 shēngcún 휑 생존

效益 xiàoyì 휑 이익

别说…连/就是… biéshuō…lián/jiùshì… ~는 말할 것도 없고 ~조차도

灯 dēng 휑 불, 등

得 děi 조동 ~해야 하다

省 shěng 동 아끼다

点 diǎn 동 불을 피우다

5. 전환관계

虽然/尽管…但是/可是/而… suīrán/jǐnguǎn…dànshì/kěshì/ér… 비록 ~하지만

速度 sùdù 휑 속도

极 jí 부 아주, 대단히

偏远 piānyuǎn 휑 외진

食不果腹 shíbùguǒfù 성어 배불리 먹지 못하다

取向 qǔxiàng 휑 방향, 추세

观点 guāndiǎn 휑 관점

涵盖 hángài 동 포용하다

几乎 jīhū 부 거의

所有 suǒyǒu 휑 모든 것

政治 zhèngzhì 휑 정치

立场 lìchǎng 휑 입장

肯定 kěndìng 부 반드시, 꼭

跟 gēn 개 ~에게

冰雪 bīngxuě 휑 얼음과 눈

覆盖 fùgài 동 뒤덮다

南极 Nánjí 휑 남극

降雪量 jiàngxuěliàng 휑 강설량

预测 yùcè 동 예측하다

经济 jīngjì 휑 경제

增长 zēngzhǎng 동 증가하다

涨幅 zhǎngfú 圆 성장 폭
往年 wǎngnián 圆 예년
教师 jiàoshī 圆 교사
热情 rèqíng 圆 열정
积极性 jījíxìng 圆 적극성
互动 hùdòng 동 상호작용하다
却 què 昌 오히려
赚 zhuàn 동 돈을 벌다
不以为然 bùyǐwéirán 정어 그렇지 않다
　고 생각하다
气候 qìhòu 圆 기후
宜人 yírén 헝 사람에게 좋은 느낌을 주다
似乎 sìhū 昌 마치 ~같다
倒 dào 昌 오히려
加班加点 jiābānjiādiǎn 동 연장 근무를
　하다
卖力 màilì 동 전심전력하다

6. 조건관계
只要…就/都/便… zhǐyào…jiù/dōu/biàn
…~하기만 하면 ~하다
总 zǒng 昌 늘, 항상
语言 yǔyán 圆 언어
财 cái 圆 재물
机场 jīchǎng 圆 공항
上空 shàngkōng 圆 공중, 하늘
恶劣 èliè 헝 아주 나쁘다
起飞 qǐfēi 동 이륙하다
着陆 zhuólù 동 착륙하다
陌生 mòshēng 헝 낯설다
好奇 hàoqí 圆 호기심
心灵 xīnlíng 圆 마음
感受 gǎnshòu 圆 느낌

来自 láizi 동 ~에서 나오다
本身 běnshēn 圆 (그) 자체
声音 shēngyīn 圆 소리
坚持不懈 jiānchíbúxiè 정어 끝까지 견지
　하다
丰硕 fēngshuò 헝 크고 많다
成果 chéngguǒ 圆 성과
唯有 wéiyǒu 昌 단지, 오로지
加强 jiāqiáng 동 강화하다
合作 hézuò 圆 협력
共享 gòngxiǎng 동 같이 누리다
机遇 jīyù 圆 기회
除非…否则… chúfēi…fǒuzé 오직 ~해
　야만 한다. 그렇지 않으면~
亲身 qīnshēn 昌 직접
体验 tǐyàn 동 체험하다
理解 lǐjiě 동 이해하다
无论/不论/不管…都/也/还… wúlùn/
　búlùn/bùguǎn… dōu/yě/hái… ~을 막
　론하고 모두(역시, 또한) ~이다
总是 zǒngshì 昌 늘, 항상
目前 mùqián 圆 현재
处境 chǔjìng 圆 처지
地位 dìwèi 圆 지위
如何 rúhé 대명 어떠하다
原有 yuányǒu 헝 고유의
价值 jiàzhí 圆 가치
标准 biāozhǔn 圆 표준, 기준
衡量 héliáng 동 측정하다, 비교하다
评价 píngjià 동 평가하다
秩序 zhìxù 圆 질서
与否 yǔfǒu 圆 여부
既定 jìdìng 헝 기정의, 이미 정한

对象 duìxiàng 몡 대상
检索 jiǎnsuǒ 동 검색하다
文献 wénxiàn 몡 문헌
资料 zīliào 몡 자료
前人 qiánrén 몡 앞선 사람
任凭 rènpíng 연결 ~을 막론하고
岁月 suìyuè 몡 세월
流逝 liúshì 동 흘러가다
永远 yǒngyuǎn 튀 영원히
铭记 míngjì 동 깊이 새기다
爱戴 àidài 동 추대하다
伟人 wěirén 몡 위인
疾驰 jíchí 동 빨리 달리다
招手 zhāoshǒu 동 손을 흔들다, 손짓하다
呼喊 hūhǎn 동 고함치다
无济于事 wújìyúshì 성어 일에 아무 도움
　도 안 되다

7. 가설관계
就 jiù 튀 그러면
阴沉沉 yīchénchén 혱 어둡다, 음침하다
那 nà 연결 그러면
那时 nàshí 몡 그때
不至于 búzhìyú 동 ~까지 안 되다
地步 dìbù 몡 지경
如果/假如/倘若/要是/要…就/那么/便
　…rúguǒ/jiǎrú/tǎngruò/yàoshì/yào…jiù/
　nàme/biàn… 만약~ 그러면
劣质 lièzhì 혱 질이 나쁘다, 불량하다
食品 shípǐn 몡 식품
进入 jìnrù 동 들어가다
普通 pǔtōng 혱 보통
家庭 jiātíng 몡 가정집

老百姓 lǎobǎixìng 몡 서민
产生 chǎnshēng 동 나타나다, 생기다
不良 bùliáng 혱 불량하다
影响 yǐngxiǎng 몡 영향
保持 bǎochí 동 유지하다
冷静 lěngjìng 혱 냉정하다, 침착하다
冲突 chōngtū 몡 충돌
造成 zàochéng 동 초래하다
战争 zhànzhēng 몡 전쟁
即使/就是/就算/纵然/哪怕…也/还
　jíshǐ/jiùshì/jiùsuàn/zòngrán/nǎpà…yě
　/hái 설령 ~하더라도
治病 zhìbìng 동 병을 치료하다
工程 gōngchéng 몡 공사, 사업
挣 zhèng 동 벌다
合同 hétong 몡 계약
浑身 húnshēn 몡 온몸
难以 nányǐ 튀 ~하기 어렵다
辩解 biànjiě 동 변명하다
无法 wúfǎ 튀 ~할 방법이 없다
自白 zìbái 동 결백하다
克制 kèzhì 동 자제
坚强 jiānqiáng 혱 강인하다
世纪 shìjì 몡 세기
末 mò 몡 말
国民生产总值 Guómínshēngchǎnzǒng
　zhí 몡 GDP
番 fān 양 (翻 뒤에서 배수를 뜻하는 양
　사) 배
人均 rénjūn 몡 1인당 평균
收入 shōurù 몡 수입
美元 měiyuán 몡 달러
禁止 jìnzhǐ 동 금지하다

抗议 kàngyì 〔동〕 항의하다
示威 shìwēi 〔동〕 시위하다
满意 mǎnyì 〔동〕 만족하다
答复 dáfù 〔명〕 대답
再…也… zài…yě… 설사 ~일지라도 ~이다
富裕 fùyù 〔형〕 부유하다
舒服 shūfu 〔형〕 편하다
故乡 gùxiāng 〔명〕 고향
亲切 qīnqiè 〔형〕 친절하다, 친밀하다

8. 인과관계

由于 yóuyú 〔연결〕 ~때문에
资历 zīlì 〔명〕 경력
拒之门外 jùzhīménwài 〔성어〕 거절하다, 냉대하다
所以 suǒyǐ 〔연결〕 그래서
初期 chūqī 〔명〕 초기
首先 shǒuxiān 〔명〕 우선
沿海 yánhǎi 〔명〕 연해
优惠 yōuhuì 〔명〕 우대
恪守 kèshǒu 〔동〕 엄수하다, 지키다
信用 xìnyòng 〔명〕 신용
按时 ànshí 〔부〕 제때에
交货 jiāohuò 〔동〕 물건을 납품하다
回头客 huítóukè 〔명〕 단골손님
因而 yīnér 〔연결〕 그러므로
异常 yìcháng 〔형〕 심상치 않다
心理 xīnlǐ 〔명〕 심리
现象 xiànxiàng 〔명〕 현상
出现 chūxiàn 〔동〕 출현하다
幻觉 huànjué 〔명〕 환각
梦幻 mènghuàn 〔명〕 몽환
以致 yǐzhì 〔연결〕 초래하다

错误 cuòwù 〔명〕 착오
结论 jiélùn 〔명〕 결론
以至于 yǐzhìyú 〔연결〕 그래서 ~하다
儿子 érzi 〔명〕 아들
之 zhī 〔조〕 ~의
道 dào 〔명〕 길, 도리
既然 jìrán 〔연결〕 이미, ~된 바에야
决心 juéxīn 〔명〕 결심
定 dìng 〔동〕 정하다
可见 kějiàn 〔연결〕 ~로부터 알 수 있다
青少年 qīngshàonián 〔명〕 청소년
理想 lǐxiǎng 〔형〕 이상적이다
职业 zhíyè 〔명〕 직업
公务员 gōngwùyuán 〔명〕 공무원
稳定 wěndìng 〔형〕 안정적이다
因为/由于… 所以/因此 yīnwèi/yóuyú…
  suǒyǐ/yīncǐ ~이기 때문에 그래서 ~이다

9. 목적관계

以便 yǐbiàn 〔연결〕 ~하기 위해
留下 liúxià 〔동〕 남기다
号码 hàomǎ 〔명〕 번호
旨在 zhǐzài 〔연결〕 취지는 ~에 있다
国有 guóyǒu 〔명〕 국유
效率 xiàolǜ 〔명〕 효율
以 yǐ 〔연결〕 ~하도록
下拨 xiàbō 〔동〕 (경비를) 할당하다
专项 zhuānxiàng 〔명〕 특별항목
经费 jīngfèi 〔명〕 경비
乡村 xiāngcūn 〔명〕 시골, 농촌
入学率 rùxuélǜ 〔명〕 입학률
用以 yòngyǐ 〔동〕 ~에 사용하다
塔 tǎ 〔명〕 탑

寺庙 sìmiào 몡 사원　　　　　　　　放弃 fàngqì 동 포기하다
收藏 shōucáng 동 소장하다　　　　便宜 piányi 휑 저렴하다
舍利 shělì 몡 사리　　　　　　　　钱包 qiánbāo 몡 지갑
经卷 jīngjuàn 몡 경서, 경전　　　　算了 suànle 됐다
为的是 wèideshì ~을 위한 것이다　办 bàn 동 처리하다
广东话 Guǎngdōnghuà 몡 광동 말
是为了 shìwèile ~을 위한 것이다
设计 shèjì 동 디자인하다, 설계하다
产品 chǎnpǐn 몡 상품
以免 yǐmiǎn 연결 ~하지 않도록
上岗 shànggǎng 동 근무하다
牢记 láojì 동 확실히 기억하다
操作 cāozuò 동 조작하다
程序 chéngxù 몡 과정, 순서
事故 shìgù 몡 사고
免得 miǎnde 연결 ~하지 않도록
赶不上 gǎnbúshàng 동 (차를) 놓치다
头班车 tóubānchē 몡 첫 통근차
迟到 chídào 동 지각하다
省得 shěngde 연결 ~하지 않도록
过年 guònián 동 설을 지내다
扫兴 sǎoxìng 휑 흥을 깨뜨리다
以防 yǐfáng 연결 ~을 방지하기 위해
警察 jǐngchá 몡 경찰
采取 cǎiqǔ 동 취하다
严密 yánmì 휑 엄밀하다, 엄격하다
保安 bǎo'ān 몡 보안
措施 cuòshī 몡 대책
恐怖 kǒngbù 휑 공포를 느끼다, 아주 무
　섭다

10. 긴축복문
轻易 qīngyì 휑 쉽게

07

중국어 문장 익히기

1 짧은 글

①

崔之元是中国有名的新左派代表知识分子，但他的特别
之处是，没有把自己的理论根基局限于马克思主义，而
是不断地在西方多样的思想和理念中探求着。他的理论
有的反映了中国的现实，不过也带有与现实相背离的理
想主义色彩，正如前面所提到的三种制度。

추이즈위안(崔之元)은 중국의 유명한 신좌파 지식인이지만, 그
의 특이한 점은 자신의 이론적 뿌리를 마르크스주의에 한정하지
않고 끊임없이 서구의 다양한 사상과 이념에서 찾고 있다는 점이
다. 그의 이론에는 중국의 현실을 반영한 것도 있지만, 앞에서 언
급한 세 가지 제도와 같이 현실과 괴리된 이상주의적인 색채를
띤 것도 있다.

I 是: (동사) ~이다
I 的: (조사) 수식어와 명사를 연결한다.
I 但: (연결사) 그렇지만
I 之: (조사) '的'의 문어체로, 수식어와 명사를 연결한다.
I 没有: (부정부사) ~하지 않았다
I 把…局限于: (把 구문) '~을 ~에 국한시키다'라는 뜻이다. 把, 于는 개사다.
I 而是: (연결사) (앞의 것이 아니고) 이것이다
I 地: (조사) 동사 수식어와 동사 사이에 위치한다.
I 在…中: (개사구조) ~중에서
I 着: (조사) 구조조사로, 동사 뒤에서 지속된 동작을 나타낸다.
I 不过: (연결사) 그런데
I 正如: (동사) 마치 ~와 같다
I 所提到的: 所는 조사로, 뒤의 동사와 결합해 명사구가 된다. '제기한~'이라는 뜻이다.

112

②

崔之元一边把目光定在至今仍采取集体所有制度的中国农村，一边说明了蒲鲁东(Proudhon)理论的优点，由此可见，崔之元看待蒲鲁东的眼光与马克思有着明显的不同。马克思面对的是封建制度解体、资产阶级私有制迅速建起的欧洲各个国家，而崔之元面对的是社会主义公有制度解体、资产私有制度逐渐扩大的中国。

추이즈위안은 아직까지 집단소제제를 채택하고 있는 중국 농촌에 주목하면서 프루동 이론의 장점을 설명했다. 이로부터 알 수 있듯 추이즈위안이 프루동을 바라본 관점과 마르크스가 프루동을 바라본 관점은 현저하게 다르다. 마르크스가 대면한 것은 봉건제도가 해체되고 부르주아적 사적 소유제가 신속하게 구축되고 있던 유럽 국가들이었지만, 추이즈위안이 대면한 것은 사회주의적 공유제도가 해체되고 자본주의적 사적 소유제가 점차 확대되어가는 중국이다.

- 一边…, 一边…: (연결사) ~하면서 ~하다
- 把…定在…: (把 구문) ~을 ~에 정하다
- 由此可见: 이로부터 ~을 알 수 있다
- 与: (연결사) ~와
- 有着: (동사) 有와 같으며 '있다', '갖고 있다'는 뜻이다.
- 的: (조사) 수식어와 명사를 연결하는 구조조사로, 동사 '面对'와 결합해 명사구를 만든다.
- 而: (연결사) 그런데, 그러나

③

如果从现实的角度来看，首先作者自己也承认，"劳资合作"制度在现在的企业中仅仅在中国一部分乡镇企业中促进，而贯彻着国家意志的国有企业却并未采用。外资企业、合资企业、私营企业就更不用说了。此外，1990年代中后期国有企业进行人事调整时，工人在没有得到包括国有企业财产在内的本人劳动产权的情况下就成了被调整的对象。

현실적인 측면에서 보자면, 먼저 저자도 스스로 인정하듯이 '노사합작' 제도는 오늘날 기업 가운데 중국의 일부 향진기업만 추진하고 있을 뿐, 국가의 의지가 관철되는 국유기업에서는 되레 채택

- 如果: (연결사) 만약
- 从…来看: (개사구조) (각도, 측면) ~에서 보자면
- 仅仅: (부사) 단지
- 而: (연결사) 그런데, 그러나
- 却: (부사) 오히려
- 并未: (부사) 결코 ~한 적이 없다
- 就…了: 그러면 ~이다
- 更不用说: 더 말할 나위도 없다
- 时: (명사) 때, 무렵
- 在…的情况下: (개사구조) ~경우에, ~한 상황 아래
- 被: (被 구문) 피동을 나타낸다.

되지 않고 있다. 외자기업, 합자기업, 민간기업은 더 말할 필요가 없다. 더구나 1990년대 중후반 국유기업의 구조조정 당시 노동자는 국유기업의 재산에 포함된 자신의 노동재산권을 제대로 보장 받지 못한 상태에서 구조조정의 대상이 되었다.

④

<u>另一方面</u>, 作者指出, 政府成为国有企业消极股东的中国政策<u>与</u>"社会分配"制度<u>之</u>间有相似<u>之</u>处。<u>与此相关</u>, 习近平政府采取<u>了</u>进一步的政策。2013年11月举行的中国共产党第18届三中全会决定, <u>截至</u>2020年, <u>将</u>国有资本利润上缴国家的比率<u>固定到</u>30%, <u>把</u>更多的资金<u>用于</u>保障和改善民生。这一决定具有重大意义, 意味着国有企业的利润<u>将</u>归还<u>于</u>社会。

다른 한편, 저자는 정부가 국유기업의 소극적인 주주로 되는 중국 정책과 '사회적 배당' 제도 사이에는 유사한 점이 있다고 지적한다. 이와 관련해 시진핑(习近平) 정부는 진일보한 정책을 채택한 바 있다. 2013년 11월에 개최된 중국공산당 제18기 3중전회(三中全会)는 2020년까지 국유자본 이윤의 국가상납 비율을 30%로 고정시키고, 더 많은 재원을 민생의 보장 및 개선에 사용한다는 결정을 내린 것이다. 이 결정은 국유기업의 이윤을 사회에 환원한다는 것을 의미하므로 중대한 의의를 갖는다.

⑤

作者提出<u>了</u>三种创新制度。第一, 詹姆士·米德(James E. Meade)<u>所主张的</u>"劳资合作"制度。<u>在</u>采取这个制度的企业, 劳资双方共同决定利润分配方式。第二, 是他所主张的"社会分配"制度。按照此制度, 所有公民<u>根据</u>其

| 另一方面: (연결사) 다른 한편
| 与: (연결사) ~와
| 之: (조사) '的'의 문어체로, 수식어와 명사를 연결한다.
| 与此相关: 이와 관련하다
| 了: (조사) 과거, 완료를 나타낸다.
| 截至: (동사) ~까지 이르다
| 将…固定到…: (把 구문) 将은 把의 서면어다. '~을 ~에 고정시키다'라는 뜻이다.
| 把…用于…: (把 구문) ~을 ~에 사용하다
| 将: (부사) ~하게 될 것이다
| 于: (개사) ~에

| 了: (조사) 과거를 나타낸다.
| 所主张的: 所는 조사로, 뒤의 동사와 결합해 명사구를 구성한다. '주장한~'이라는 뜻이다.
| 在…: (개사) ~에서
| 根据: (개사) ~에 근거해

114

年龄和家庭状况领取社会分配额。<u>所需资金由</u>政府拥有的国有企业<u>或</u>公共企业的股份筹措。第三，是格塞尔(Gesell)主张的"印花货币"制度。<u>也就是说</u>，发行在一定时期内有效流通的货币，<u>如果</u>超过期限<u>则</u>附加保有税；采取这个制度<u>可以</u>促进经济发展。

저자는 세 가지 제도 혁신을 제기했다. 첫째, 제임스 미드(James E. Meade)가 주장한 '노사합작' 제도다. 이 제도를 채택한 기업에서는 노사 쌍방이 이윤배당 방식을 함께 결정한다. 둘째, 미드가 주장한 '사회적 배당' 제도다. 이 제도에 따르면 모든 국민은 나이와 가정 형편에 따라 사회적 배당을 받는다. 여기에 필요한 재원은 정부가 보유한 국유기업 또는 공기업의 주식을 통해 조달한다. 셋째, 게젤(Gesell)이 주장한 '스탬프 화폐' 제도다. 즉, 일정한 기한 동안만 유효하게 유통되는 화폐를 발행하고, 만약 그 기한을 넘기면 보유세를 부여하는 것으로, 이 제도를 채택하면 경제발전을 촉진할 수 있다.

2 긴 글 1

南海本田工厂的罢工虽然为时较长，<u>但</u><u>由于</u>中国政府和各个"仲裁者"的介入，罢工在劳资双方的协商<u>下</u>最终得到和平解决。这是一个很典型的事例。南海本田罢工<u>在</u>劳资协商<u>过程中</u>体现出一些特点。

난하이혼다 공장의 파업은 장기화되었지만, 중국 정부와 다양한 '중재자'의 개입으로 파업은 노사 쌍방의 협상하에 마침내 평화적으로 해결되었다. 이는 하나의 전형적인 사례다. 난하이혼다 파업은 노사협상 과정에서 몇 가지 특징을 보여주었다.

第一, 此次罢工体现了中国工人运动<u>从</u>"权益保护型"<u>转变为</u>"利益追求型"。长期以来, 中国农民工虽然在城市工作, <u>但由于</u>户口制度的限制, 他们<u>被</u>排斥在工人阶层之外, <u>而</u>陷入"阶层失语症"。农民工的抵抗也主要局限<u>于</u>拖欠工资、过分的惩罚制度、延迟缴纳社会保险费等侵犯工人权益方面。<u>而</u>南海本田罢工<u>使</u>这些对农民工自我定位和抵抗的描述<u>成为</u>过去式。此次罢工<u>让</u>我们看到, 农民工开始自觉为工人阶层, <u>并</u>积极追求自我利益。<u>以</u>此次罢工<u>为</u>契机, 中国的劳资关系<u>从</u>个别劳资关系<u>转变为</u>集体劳资关系。

첫째, 이번 파업은 중국의 노동운동이 '권익 보호형'에서 '이익 추구형'으로 전환되고 있음을 보여주었다. 오랫동안 중국의 농민공은 도시에서 노동자로 일하면서도 호구제도의 제한으로 노동계급에서 배제되었고 '계급실어증'에 빠져 있었다. 농민공의 저항역시 주로 임금 체불, 과도한 징벌제도, 사회보험비 체납 등 노동자의 권익을 침해하는 데 한정되어 있었다. 하지만 난하이혼다파업은 농민공의 자기 정체성과 저항에 대한 기존의 묘사를 낡은것으로 만들었다. 이번 파업은 농민공이 자신을 노동자계급으로자각해나가고 있고 또한 적극적으로 자신의 이익을 추구하고 있음을 보여준다. 이번 파업을 계기로 중국의 노사관계는 개별적노사관계에서 집단적인 노사관계로 전환되고 있다.

第二, 资产所有方节制性的对应。出现<u>过</u>组织性和斗争

- 从⋯转变为⋯: ~에서 ~로 변하다
- 由于: (개사) ~로 인해, ~때문에
- 被: (被 구문) 피동을 나타낸다.
- 而: (연결사) ~(하)고(도), 그리고
- 于: (개사) ~에(서)
- 而: (연결사) 하지만
- 使⋯成为⋯: (사역문) ~에게 ~되게 하다
- 让: (동사) 사역을 나타낸다.
- 并: (연결사) 게다가, 그리고
- 以⋯为⋯: ~을 ~로 삼다

性工人运动的国家，都具有压制工人运动的鲜明特点。南海本田解雇了两名罢工人员，但并未采取武力镇压、大批解雇工人或者关闭工厂等极端措施。之所以没有采取类似措施，一是受到日本企业劳资文化的影响。1970年代后日本企业一直是通过劳资双方协商使劳资关系平稳发展。二是因为作为外资企业，很难调动中国的公法权力。不过，除此以外，从生产和规范方面来看，还有一些制约外资企业行为的因素。

둘째, 사용자의 절제된 대응이다. 조직적·전투적인 노동운동이 나타났던 국가에서는 노동운동을 억압한 명확한 특징을 가지고 있다. 난하이혼다의 자본은 두 명의 노동자를 해고하긴 했지만, 물리력을 동원한 진압, 대량 해고, 직장폐쇄 등과 같은 극단적인 조치를 취하지는 않았다. 이 같은 조치를 취하지 않았던 것은 첫째, 일본계 기업의 노사문화의 영향 때문이다. 1970년대 이후 일본 기업은 줄곧 노사협상을 통해 노사관계를 안정적으로 발전시켜왔다. 둘째, 외국자본이라서 중국의 공권력을 동원하기 어려웠기 때문이다. 그러나 이 외에도 생산과 규범적인 측면에서 외국자본의 행위를 제약하는 요인이 몇 가지 더 있다.

其中最关键的是恢复生产的紧迫性。南海本田罢工使得采取精益生产方式的广州本田、东风本田等整车公司完全瘫痪，本田汽车公司倍受损失，恢复整车公司生产的压力非常大。其次是对外资企业行为的规范以及意识上的制约。尽管不少人指出，中国的社会主义只剩下一个空壳，但是中共并不公开废除社会主义的理念。因此，社会主义成了批判压制工人行为的很好的说辞。再加

- 过: (조사) 동사 뒤에 쓰여 '~한 적 있다'는 경험을 나타낸다.
- 了: (조사) 동사 뒤에 쓰여 과거, 완료를 나타낸다.
- 并未: (부사) 결코 ~한 적이 없다
- 或者: (연결사) 또는, 아니면
- 之所以: (연결사) ~한 까닭은
- 通过: (개사) ~을 통해
- 使: (동사) ~에게 (~하게 하다)
- 因为: (연결사) 왜냐하면
- 作为: (개사) ~으로서
- 不过: (연결사) 그러나
- 除此以外: 이를 제외하고, 이외에
- 从…来看: (개사구조) ~에서 본다면

- 使得: (동사) ~하게 만들다
- 以及: (연결사) 및, 그리고, 아울러
- 尽管…但是…: (연결사) ~에도 불구하고, ~라 하더라도
- 并不: (부사) 결코 ~한 적이 없다
- 因此: (연결사) 그래서, 그러므로
- 再加上: (연결사) 게다가, 더구나

上，改革开放后中国的民族主义开始大众化，所以外资企业不得不处处小心谨慎。

▎ 所以: (연결사) 그래서
▎ 不得不: (부사) 어쩔 수 없이, 부득이

그중 가장 핵심적인 것은 생산 재개에 대한 절박함이다. 난하이 혼다의 파업은 린 생산 방식을 채택하고 있는 광저우혼다자동차, 둥펑혼다자동차 등 완성차 업체의 생산을 마비시켰고, 혼다자동차회사는 손실을 입었기 때문에 완성차 업체의 생산 재개 압력이 대단히 컸다. 그 다음은 외자기업 행위에 대한 규범과 의식상의 제약이다. 비록 적지 않은 사람들이 중국의 사회주의 이념은 허울만 남았다고 지적하지만, 중국공산당은 사회주의 이념을 공개적으로 폐기하지 않고 있다. 이로 인해 사회주의는 노동자를 억압하는 행위를 비판하는 좋은 구실이 되고 있다. 더구나 개혁개방 이후 중국의 민족주의가 대중화되고 있기 때문에 외자기업은 여러 면에서 대단히 조심스러울 수밖에 없다.

第三，地方政府的中立角色。前南海人力资源及社会保障局一位干部直接参与了劳资协商，并被任命为仲裁首席，这样就形成了"劳、资、政"的协商方式。突出地方政府的中立角色，是在于不动用公法权来压制工人的罢工。

▎ 及: (연결사) ~와
▎ 被任命为: (被 구문) 피동을 나타낸다. '~로 임명되다'라는 뜻이다.
▎ 来: (동사) 동사 앞에 쓰여 어떤 일을 할 것임을 나타낸다.

셋째, 지방정부의 중립적 역할이다. 난하이 인적자원 및 사회보장국의 한 전임간부는 난하이혼다 파업의 노사협상의 과정에 직접 개입해 노사협상을 중재하는 좌장의 역할을 맡아 '노·사·정' 협상방식을 만들어냈다. 지방정부의 중립적 역할이 두드러진 것은 무엇보다 공권력을 동원해 노동자의 파업을 억압하지 않은 데 있다.

作者设定的第一个读法是，文化大革命与陈伯达的关系。陈伯达在田家英、胡乔木等毛泽东理论秘书中是最有地位的。他不仅在毛泽东思想确立过程中起到决定性的作用，而且主导了毛泽东所指示的文革纲领——文革16条的起草工作。作者从陈伯达来探讨文革要实现的理想到底是什么，那个理想在现实中是如何受到挫折的，以及对民众产生巨大影响的那个理想对现在的中国有何影响。

▎第: 수사 앞에 쓰여 순서를 나타낸다. '제~'라는 뜻이다.
▎在…中: (개사구조) ~중에서
▎不仅…而且…: (연결사) ~뿐만 아니라, 게다가
▎从: (개사) ~로부터
▎要: (조동사) ~할 것이다
▎是…的: (강조구조) 여기서는 어떻게(如何)를 강조한다.
▎以及: (연결사) 및, 그리고, 아울러
▎对: (개사) ~에게

저자가 설정해놓은 첫 번째 독법은 문화대혁명과 천보다(陈伯达)의 관계다. 천보다는 톈자잉(田家英), 후차오무(胡乔木) 등 마오쩌둥(毛泽东)의 이론 비서들 가운데 가장 지위가 높았다. 그는 마오쩌둥사상의 확립 과정에 결정적인 역할을 했을 뿐만 아니라 마오쩌둥의 지시로 문화대혁명의 강령이 되었던 '문혁 16조'의 초안 작업도 주도했다. 저자는 천보다를 통해 문화대혁명이 실현하려 했던 이상은 무엇이었는지, 그 이상이 현실 속에서 어떻게 좌절되었는지, 대중에게 막대한 영향을 미쳤던 그 이상이 오늘날의 중국에 어떤 영향을 미치는지를 탐구·토론하려 했다.

"文革16条"的核心是巴黎公社原则。巴黎公社是1871年"普法战争"中一时登场的法国巴黎市民的自治机构。巴黎公社原则是马克思在《法兰西内战》中对巴黎公社革命经验的总结，即废除常备军和常备官僚制，导入公民罢免权，是大众直接参与政治的民主主义。陈伯达晚年在以回答儿子提问为形式的回忆录中这样说道： "我写

▎对: (개사) ~에 대한
▎即: (부사) 즉
▎在…中: (개사구조) ~중에
▎以…为(形式): ~을 (형식)으로 삼다

巴黎公社原则，是想用选举领导人的办法来改革过去单纯依靠上级任命的做法。任何领导人都<u>必须</u>接受群众的监督。毛主席那时也同意我的<u>这些</u>意见。<u>但是</u>后来这一条<u>没有</u>具体实行。"

문혁 16조의 핵심은 파리코뮌의 원칙이다. 파리코뮌은 1871년 '프로이센·프랑스 전쟁' 당시 한시적으로 등장한 프랑스 파리 시민의 자치기구다. 파리코뮌의 원칙은 마르크스가 자신의 책『프랑스 내전』에서 파리코뮌의 경험을 총결산한 것으로, 상비군과 상비 관료제를 해체하고, 시민의 소추권을 도입해 대중이 직접 정치에 참여하는 민주주의를 말한다. 천보다는 말년에 아들의 질문에 답변하는 형식의 회고록에서 다음과 같이 밝혔다. "내가 파리코뮌의 원칙을 써넣은 것은 지도자를 선거하는 방식을 도입해 과거 단순히 상급이 임명하던 방법을 개혁하기 위해서였다. 어떤 지도자건 반드시 대중의 감독을 받아야 한다. 마오 주석도 그때 이런 내 의견에 동의했다. 그러나 이후 이 조항은 구체적으로 실행되지 못했다."

<u>就这样</u>，中国版的巴黎公社带<u>着</u>必将失败的命运开始萌动了。<u>始自于</u>北京学生运动的文革在上海发展<u>为</u>大范围的工人大众运动。1967年1月上海市工人夺取上海党委权力，成立了"上海人民公社"。<u>对于</u>文革变为工人大众运动的问题和工人夺权，陈伯达表示了否定的态度，这是因为他认为文革只应<u>限于</u>学生和知识分子。<u>而</u>毛泽东<u>却</u>认为，只通过学生运动<u>是</u>不能充分铲除"走资派"<u>的</u>，他批判了陈伯达的意见，<u>并</u>认可工人大众的夺权，<u>将其</u>推上文革的中心舞台。

이렇게 해서 중국판 파리코뮌은 곧바로 실패할 운명을 안고 태동되었다. 베이징의 학생운동에서 시작된 문화대혁명은 상하이에서는 광범위한 노동자대중운동으로 발전했다. 1967년 1월 상하이 시의 노동자들은 상하이 시 당위원회의 권력을 박탈하고 '상하이인민공사'를 설립했다. 문화대혁명이 노동대중운동으로 발전하는 문제와 노동자의 탈권 문제에 대해 천보다는 부정적인 태도를 보였다. 왜냐하면 그는 문화대혁명을 학생과 지식인의 영역으로만 한정된 것으로 여겼기 때문이다. 그러나 마오쩌둥은 학생운동만으로는 '주자파'(자본주의 노선을 걷는 세력)를 충분히 제거할수 없다고 판단했다. 마오쩌둥은 천보다의 이 같은 의견을 비판하고 노동자대중의 탈권을 인정함으로써 노동자의 대중운동을 문화대혁명의 중심 무대로 올려놓았다.

但毛泽东并非肯定上海人民公社。他指出，若上海人民公社得到承认，最终应改国号为"中华人民公社"，并下结论提出以革命委员会形式替代人民公社更好。其结果是，以军干部、党干部、造反派为代表组成的革命委员会代替原有的党委会，成为了权力机构。毛泽东在陈伯达犹豫不决时跨出了一步，最终歪曲了自己也赞同的陈伯达提出的文革理想。这是政治家毛泽东和理论家陈伯达之间的差异。

- 并非: (동사) 결코 ~이 아니다
- 若: (연결사) 만약
- 应: (조동사) 응당 ~해야 한다
- 并: (부사) 동시에
- 以…形式: (개사구조) ~의 형식으로
- 其: (대명사) 그, 그것
- 以…为…: ~을 ~로 삼다
- 在…时: (개사구조) ~할 때, ~무렵

그렇다고 마오쩌둥이 상하이인민공사를 긍정한 것은 아니다. 마오쩌둥은 만약 상하이인민공사를 인정하면 종국적으로는 국호를 '중화인민공사'로 바꾸어야 한다고 지적하면서 인민공사 대신 혁명위원회 형식을 취하는 것이 좋다는 결론을 제시했다. 그 결과 군 간부, 당 간부, 조반파(造反派) 대표로 구성된 혁명위원회가 기존의 당위원회를 대체해 권력기구가 되었다. 마오쩌둥은 천보다가 멈칫거릴 무렵 한발 더 나아가 결국 천보다가 제시했고 자신도 동의했던 문화대혁명의 이상을 왜곡시키고 말았다. 이것이 바로 정치인 마오쩌둥과 이론가 천보다의 차이점이다.

具有讽刺意味的是，领导文革的中央文革小组根本<u>没有</u>认真讨论<u>过</u>最核心的原则——巴黎公社原则的废除问题，<u>只是</u>单方贯彻了毛泽东的意见。这一点是通过陈伯达解读文革<u>时</u> <u>不得不</u>面对的最大难点<u>之一</u>。<u>从</u>1930年代中期以后中共内部形成毛泽东主义<u>到</u>1976年毛泽东逝世，中共内部<u>是否</u>正式进行过路线<u>之</u>争仍然是一个疑问。不<u>与</u>路线之争和理念同时运作的"中国式政治"<u>使得</u><u>通过</u>陈伯达分析和解释文革相当困难。

역설적인 것은 문화대혁명을 이끌었던 중앙문혁소조는 문화대혁명의 가장 핵심적인 원칙이던 파리코뮌 원칙의 폐기 문제를 진지하게 토론한 적이 전혀 없었다는 점이다. 단지 마오쩌둥의 견해를 일방적으로 관철시켰을 뿐이다. 이 점은 천보다를 통해 문화대혁명을 해독할 경우 직면할 수밖에 없는 가장 큰 난점 가운데하나다. 1930년대 중반 이후 중국공산당 내에서 마오주의가 형성된 시점부터 1976년 마오쩌둥이 사망하기 전까지 과연 중국공산당 내에서 제대로 된 노선투쟁이 있었는지는 여전히 의문이다. 노선투쟁이나 이념과는 별개로 작동하는 '중국식 정치'는 천보다를 통해 문화대혁명을 분석하고 해석하는 것을 상당히 어렵게 만들고 있다.

짧은 글 1

崔之元 CuīZhīyuǎn 똉 (인명) 추이즈위안

有名 yǒumíng 혱 유명하다

左派 zuǒpài 똉 좌파

代表 dàibiǎo 똉 대표

特别 tèbié 혱 특별하다

处 chù 똉 점, 곳

理论 lǐlùn 똉 이론

根基 gēnjī 똉 기초, 근본

局限 júxiàn 똉똥 국한; 국한하다

马克思主义 Mǎkèsīzhǔyì 똉 마르크스

　주의

不断 búduàn 凹 끊임없이

西方 xīfāng 똉 서양

理念 lǐniàn 똉 이념

探求 tànqiú 똥 탐구하다

反映 fǎnyìng 똥 반영하다

现实 xiànshí 똉 현실

背离 bèilí 똥 괴리되다

色彩 sècǎi 똉 색채

正如 zhèngrú 똥 마치 ~와 같다

짧은 글 2

目光 mùguāng 똉 시야, 견해

至今 zhìjīn 凹 지금까지

采取 cǎiqǔ 똥 채택하다

集体所有制度 jítǐsuǒyǒuzhìdù 똉 집단

　소유제도

农村 nóngcūn 똉 농촌

说明 shuōmíng 똥 설명하다

蒲鲁东 Púlǔdōng 똉 (인명) 프루동

优点 yōudiǎn 똉 장점

由此可见 yóucǐkějiàn ~로부터 ~을 알

　수 있다

眼光 yǎnguāng 똉 안목, 관점

明显 míngxiǎn 혱 현저하다

不同 bùtóng 똉혱 다른 것; 다르다

面对 miànduì 똥 대면하다

封建 fēngjiàn 똉 봉건

解体 jiětǐ 똥 해체되다

资产阶级 zīchǎnjiējí 똉 부르주아

私有制 sīyǒuzhì 똉 사적 소유제

迅速 xùnsù 凹 급히, 신속하게

建起 jiànqǐ 똥 구축되다

欧洲 Ōuzhōu 똉 유럽

公有 gōngyǒu 똉 공유

逐渐 zhújiàn 凹 점차

扩大 kuòdà 똥 확대되다

짧은 글 3

角度 jiǎodù 똉 각도

作者 zuòzhě 똉 작가

承认 chéngrèn 똥 인정하다

劳资 láozī 똉 노사

一部分 yíbùfēn 똉 일부분

乡镇企业 xiāngzhènqǐyè 똉 향진기업

促进 cùjìn 똥 추진하다

贯彻 guànchè 똥 관철되다

意志 yìzhì 똉 의지

未 wèi 凹 아직 ~하지 않다

采用 cǎiyòng 똥 채택하다

外资企业 wàizīqǐyè 똉 외자기업

合资企业 hézīqǐyè 똉 합자기업

私营企业 sīyíngqǐyè 똉 민간기업

更不用说 gèngbúyòngshuō 더 말할 나

　위도 없다

此外 cǐwài 图 이 외에
人事 rénshì 图 인사
调整 tiáozhěng 图 조정
工人 gōngrén 图 노동자
包括 bāokuò 图 포함하다
财产 cáichǎn 图 재산
劳动产权 láodòngchǎnquán 图 노동재
  산권
情况 qíngkuàng 图 상황

짧은 글 4

消极 xiāojí 图 소극적이다
股东 gǔdōng 图 주주
分配 fēnpèi 图 배당
相似 xiāngsì 图 비슷하다
与此相关 yǔcǐxiāngguān 이와 관련하다
习近平 Xíjìnpíng 图 (인명) 시진핑
进一步 jìnyíbù 图 진일보하다
举行 jǔxíng 图 개최하다
共产党 gòngchǎndǎng 图 공산당
截止 jiézhǐ 图 ~까지 이르다
利润 lìrùn 图 이윤
上缴 shàngjiǎo 图 상납하다
比率 bǐlǜ 图 비율
固定 gùdìng 图 고정시키다
资金 zījīn 图 자금
保障 bǎozhàng 图 보장하다
改善 gǎishàn 图 개선하다
民生 mínshēng 图 민생
意义 yìyì 图 의의
意味 yìwèi 图 의미하다
归还 guīhuán 图 반환하다

짧은 글 5

创新 chuàngxīn 图 창의적인
詹姆士·米德 Zhānmǔshì·Mǐdé 图 (인
  명) 제임스 미드(James E. Meade)
主张 zhǔzhāng 图 주장하다
方式 fāngshì 图 방식
年龄 niánlíng 图 나이
状况 zhuàngkuàng 图 상황, 형편
领取 lǐngqǔ 图 받다, 수령하다
分配额 fēnpèi'é 图 배당금
拥有 yōngyǒu 图 보유하다, 갖고 있다
股份 gǔfèn 图 주식
筹措 chóucuò 图 조달하다, 마련하다
格塞尔 Gésài'ěr 图 (인명) 게젤(Gesell)
印花货币 Yìnhuāhuòbì 图 스탬프 화폐
发行 fāxíng 图 발행하다
流通 liútōng 图 유통하다
超过 chāoguò 图 초과하다
期限 qīxiàn 图 기한
则 zé 연결 그러면
附加 fùjiā 图 부여하다
保有税 bǎoyǒushuì 图 보유세

긴 글 1

本田 Běntián 图 (일본 기업) 혼다
工厂 gōngchǎng 图 공장
罢工 bàgōng 图 파업하다
为时 wéishí 图 시간으로 보아 ~하다
仲裁者 zhòngcáizhě 图 중재자
介入 jièrù 图 개입하다
最终 zuìzhōng 图 최종, 최후
典型 diǎnxíng 图 전형적이다
事例 shìlì 图 사례

体现 tǐxiàn 图 나타내다

特点 tèdiǎn 图 특징

权益保护型 quányìbǎohùxíng 图 권익 보호형

转变 zhuǎnbiàn 图 ~로 변하다

利益追求型 lìyìzhuīqiúxíng 图 이익 추구형

长期以来 chángqīyǐlái 오랫동안

户口 hùkǒu 图 호구, 호적

限制 xiànzhì 图 제한

排斥 páichì 图 배척하다

阶层 jiēcéng 图 계급

阶层失语症 jiēcéngshīyǔzhèng 图 계급 실어증

抵抗 dǐkàng 图 저항하다

拖欠 tuōqiàn 图 체불하다

惩罚 chéngfá 图 징벌

延迟 yánchí 图 연기하다, 미루다

保险费 bǎoxiǎnfèi 图 보험금

侵犯 qīnfàn 图 침해하다

定位 dìngwèi 图 정체성을 정하다

过去式 guòqùshì 图 과거식

自觉 zìjué 图 자각하다

追求 zhuīqiú 图 추구하다

契机 qìjī 图 계기

对应 duìyìng 图 대응

组织性 zǔzhīxìng 图 조직성

斗争性 dòuzhēngxìng 图 투쟁성

压制 yāzhì 图 억압하다

鲜明 xiānmíng 图 선명하다

解雇 jiěgù 图 해고하다

武力 wǔlì 图 무력

镇压 zhènyā 图 진압하다

大批 dàpī 图 대량

关闭 guānbì 图 닫다

极端 jíduān 극단적이다

之所以 zhīsuǒyǐ 연결 ~한 까닭

类似 lèisì 图 비슷하다

平稳 píngwěn 图 평온하다, 안정되다

作为 zuòwéi 개 (신분)~으로서

调动 diàodòng 图 동원하다

公法权力 gōngfǎquánlì 图 공권력

规范 guīfàn 图 규범

制约 zhìyuē 图 제약하다

因素 yīnsù 图 요소, 원인

关键 guānjiàn 图 중요하다, 관건이다

恢复 huīfù 图 회복하다

紧迫性 jǐnpòxìng 图 절박함

精益生产方式 jīngyìshēngchǎnfāngshì 图 린 생산 방식

广州 Guǎngzhōu 图 광저우

整车公司 zhěngchēgōngsī 图 완성차 업체

瘫痪 tānhuàn 图 마비되다

损失 sǔnshī 图 손실

压力 yālì 图 압력

其次 qícì 대명 다음

以及 yǐjí 연결 그리고, 및

剩下 shèngxià 图 남다, 남기다

空壳 kōngké 图 허울

表明 biǎomíng 图 공개적으로 밝히다

废除 fèichú 图 폐기하다

批判 pīpàn 图 비판하다

说辞 shuōcí 图 구실

再加上 zàijiāshàng 연결 게다가

民族主义 mínzúzhǔyì 图 민족주의

处处 chùchù 囹 곳곳

小心谨慎 xiǎoxīnjǐnshèn 囹어 매우 조심
   스럽고 신중하다

角色 juésè 囹 역할

及 jí 연결 ~와

保障局 bǎozhàngjú 囹 보장국

干部 gànbù 囹 간부

参与 cānyù 囹 참여하다

任命 rènmìng 囹 임명하다, 임명되다

首席 shǒuxí 囹 수석

突出 tūchū 囹 두드러지게 하다

尽量 jǐnliàng 囹 가능한 한, 되도록

动用 dòngyòng 囹 (함부로) 사용하다

긴 글 2

设定 shèdìng 囹 설정하다

读法 dúfǎ 囹 독법

陈伯达 ChénBódá 囹 (인명) 천보다

田家英 TiánJiāyīng 囹 (인명) 톈자잉

胡乔木 HúQiáomù 囹 (인명) 후차오무

秘书 mìshū 囹 비서

确立 quèlì 囹 확립

过程 guòchéng 囹 과정

起作用 qǐzuòyòng 囹 역할을 하다

主导 zhǔdǎo 囹 주도하다

指示 zhǐshì 囹 지시

纲领 gānglǐng 囹 강령

起草 qǐcǎo 囹 초안을 작성하다

探讨 tàntǎo 囹 탐구 토론하다

实现 shíxiàn 囹 실현하다

挫折 cuòzhé 囹 좌절

民众 mínzhòng 囹 민중

巨大 jùdà 囹 거대하다

何 hé 대명 무엇, 어떤

核心 héxīn 囹 핵심

巴黎公社 Bālígōngshè 囹 파리코뮌

原则 yuánzé 囹 원칙

普法战争 pǔfǎzhànzhēng 囹 프로이센 ·
   프랑스 전쟁

一时 yìshí 囹 한 시기

登场 dēngchǎng 囹 등장하다

自治 zìzhì 囹 자치

机构 jīgòu 囹 기구

总结 zǒngjié 囹 총결산, 총괄

即 jí 연결 즉

常备军 chángbèijūn 囹 상비군

官僚制 guānliáozhì 囹 관료제

导入 dǎorù 囹 도입하다

罢免权 bàmiǎnquán 囹 소추권

晚年 wǎnnián 囹 말년

提问 tíwèn 囹 질문하다

形式 xíngshì 囹 형식

回忆录 huíyìlù 囹 회고록

上级 shàngjí 囹 상급

单纯 dānchún 囹 단순히

依靠 yīkào 囹 의지하다

选举 xuǎnjǔ 囹 선거하다

监督 jiāndū 囹 감독

毛主席 Máozhǔxí 囹 마오쩌둥 주석

同意 tóngyì 囹 동의하다

条 tiáo 囹 조항

具体 jùtǐ 囹 구체적으로

就这样 jiùzhèyàng 이렇게 해서

失败 shībài 囹 실패하다

命运 mìngyùn 囹 운명

萌动 méngdòng 囹 태동되다

范围 fànwéi 몡 범위

夺取 duóqǔ 동 박탈하다

党委 dǎngwěi 몡 당위원회

夺权 duóquán 동 권력을 박탈하다

表示 biǎoshì 동 보여주다, 표명하다

否定 fǒudìng 혱 부정적이다

态度 tàidù 몡 태도

认为 rènwéi 동 ~라고 여기다

充分 chōngfèn 튀 충분히

铲除 chǎnchú 동 제거하다

走资派 zǒuzīpài 몡 주자파

认可 rènkě 동 인정하다

推 tuī 동 밀다

若 ruò 연결 만약

改 gǎi 동 고치다, 바꾸다

国号 guóhào 몡 국호

委员会 wěiyuánhuì 몡 위원회

替代 tìdài 동 대체하다

造反派 zàofǎnpài 몡 조반파

组成 zǔchéng 동 구성하다

犹豫不决 yóuyùbùjué 성어 결단을 내리
  지 못하고 망설이다

跨出 kuàchū 동 넘다, 나아가다

一步 yíbù 몡 한발

歪曲 wāiqū 동 왜곡하다

赞同 zàntóng 동 찬성하다

差异 chāyì 몡 차이

讽刺 fěngcì 혱 역설적이다

意味 yìwèi 몡 의미, 함축

领导 lǐngdǎo 몡 지도자

中央 zhōngyāng 몡 중앙

根本 gēnběn 튀 전혀

单方 dānfāng 튀 일방적으로

贯彻 guànchè 동 관철하다

解读 jiědú 동 해독하다

不得不 bùdébù 튀 부득이, 할 수 없이

难点 nándiǎn 몡 난점

逝世 shìshì 동 세상을 떠나다

路线 lùxiàn 몡 노선

争 zhēng 몡 논쟁

疑问 yíwèn 몡 의문

运作 yùnzuò 동 작동하다

相当 xiāngdāng 튀 상당히

困难 kùnnán 몡 어려움

장영석 張暎碩

1961년 경북 영천에서 태어나 연세대학교 사회학과를 졸업했다. ≪말≫, ≪내일신문≫에서 기자로
일하다가 1995~2001년 베이징대학교 사회학과에서 석사 및 박사 과정을 마쳤다. 2004년부터 성공
회대학교 중어중국학과 교수로 재직 중이다. 중국의 체제 전환, 산업 발전, 노사관계의 변화에 깊은
관심을 갖고 있으며, 저서로는 『당대 중국 노동제도 변화와 공회 기능의 전환(當代中國勞動制度變化與
工會功能的轉變)』(중문), 『지구화시대 중국의 노동관계』 등이 있다.

장엽 蔣燁

1971년 중국 시안(西安)에서 태어나 중국 산시사범대학교(陝西師大學校) 중어중문학과를 졸업했다.
졸업 후 모교에서 근무하다 한국으로 와 이화여자대학교 중어중문학과에서 석사를 마쳤으며, 동 대
학원에서 박사과정을 수료했다. 2008년부터 성공회대학교 중어중국학과 외국어 전임강사로 재직
중이며, 중국어 어휘의 어원과 변천, 한국의 중국어 교육에 관심이 많다.

강독을 위한 중국어 문법

© 장영석 · 장엽, 2015

지은이　장영석 · 장엽
펴낸이　김종수
펴낸곳　도서출판 한울
편집　신순남

초판 1쇄 인쇄　2015년 10월 15일
초판 1쇄 발행　2015년 10월 30일

주소　10881 경기도 파주시 광인사길 153 한울시소빌딩 3층
전화　031-955-0655
팩스　031-955-0656
홈페이지　www.hanulbooks.co.kr
등록번호　제406-2003-000051호

Printed in Korea.
ISBN 978-89-460-6073-9 93720(양장)
　　　978-89-460-6074-6 93720(학생판)

※ 책값은 겉표지에 표시되어 있습니다.
※ 이 책은 강의를 위한 학생판 교재를 따로 준비했습니다.
　강의 교재로 사용하실 때에는 본사로 연락해 주십시오.